Opus 65

Gedruckt mit finanzieller Unterstützung durch die Karlsruher Universitätsgesellschaft.

Printed with financial support by the Karlsruher Universitätsgesellschaft.

Le Corbusier
Unité d'habitation, Marseille

Texte / Texts
Alban Janson
Carsten Krohn

Photographien / Photographs
Anja Grunwald

Edition Axel Menges

Herausgeber / Editor: Axel Menges

ISBN 978-3-932565-65-6

Druck- und Bindearbeiten / Printing and binding:
Everbest Printing Company, Ltd., China

Übersetzung ins Englische / Translation into English:
Michael Robinson
Design: Axel Menges
Layout: Anja Grunwald
Pläne / Plans: Jan Geldermann, Matthias Peppler

Inhalt

Contents

Carsten Krohn

Das Haus als Stadt. Zur Wirkungsgeschichte der Unité d'habitation

»Die Topographie des Phalanstère zeichnet einen ursprünglichen Ort, der im großen und ganzen den Palästen, Klöstern, Landsitzen und Wohnkomplexen entspricht, an dem die Organisation des Gebäudes und die Organisation der Baufläche eins sind, so daß (und das ist eine ganz moderne Ansicht) Architektur und Urbanismus einander aufheben zugunsten einer allgemeinen Wissenschaft vom menschlichen Ort, dessen erstes Kennzeichen nicht mehr Schutz ist, sondern Zirkulation.«[1] Roland Barthes

Die unmittelbar nach Ende des Zweiten Weltkriegs geplante und 1952 am Rande von Marseille fertiggestellte Unité d'habitation gilt nicht nur als eines der einflußreichsten Bauwerke überhaupt, sondern wurde auch wie kaum ein anderes extrem kontrovers diskutiert. Warum gerieten insbesondere bei diesem überaus ambitionierten Vorhaben Intention und Wirkung in einen Konflikt? Da bisher die Entstehungs- und nicht die Rezeptionsgeschichte untersucht wurde, werden neben dem Konzept Le Corbusiers, neben seinen Inspirationen und Zielen, die Beurteilungen von Kritikern, Bewohnern und auch Künstlern beleuchtet.

Utopie

Bereits mit Baubeginn seines als ideal erklärten Wohnkomplexes für etwa 1600 Menschen sah sich der Architekt einer ernstzunehmenden Front von Angreifern gegenüber, die alles daran setzte, das Projekt zu stoppen. So ist sein Buch über dieses Haus, das bereits zwei Jahre vor Fertigstellung erschien, als eine Waffe zu begreifen, um aus der von ihm als »Schlacht«[2] bezeichneten Auseinandersetzung siegreich hervorzugehen. In dieser Publikation erläuterte er sein Konzept, führte aber keine geistigen Vorläufer an, mit der Ausnahme des Philosophen und Utopisten Charles Fourier. Er zitierte dessen Prophezeiung vom Anfang des 19. Jahrhunderts, daß in Zukunft jeder Haushalt mit einem eigenen Wasseranschluß ausgestattet sein werde. Auch Fourier hatte mit dem Phalanstère einen idealen Wohntypus entwickelt, der als harmonische Einheit ein neues Gesellschaftsmodell organisieren sollte und erstaunlich viele Aspekte mit der Unité d'habitation gemein hat. Er erklärte:

»Wir gehen davon aus, daß das Experiment ... auf Anhieb die große Harmonie, [ein] Zeitalter in seiner Vollkommenheit verwirklichen möchte. ... Für eine Gemeinschaft von 1500 bis 1600 Personen braucht man ein Grundstück, [das] nicht allzu fern, aber doch weit genug – um Unannehmlichkeiten zu verhindern – [von einer] Stadt liegt. ... Das Gebäude, das eine Phalange bewohnt, hat keinerlei Ähnlichkeit mit unseren städtischen oder dörflichen Bauten. ... Die Wohnungen ... müssen sich auf wunderbare Weise von unseren Dörfern und Vorstädten unterscheiden, in denen Familien wohnen, die nichts verbindet und die darum im Gegensatz zueinander handeln. An Stelle eines Chaos von kleinen Häusern, die einander an Schmutz und Häßlichkeit übertreffen, baut eine Phalange ein großes Gebäude, das ... regelmäßig ist. ... Das Phalanstère soll außer den Wohnungen für die Familien auch viele Gemeinschaftsräume enthalten. ... Zu den wichtigsten Dingen im Harmonie-Palast gehören [innere] Straßen. ... Auf Säulen ruhende ..., gut gepflegte Gänge [stellen] für alle Teile des Gebäudes eine nach außen abgeschlossene, elegante und mittels Öfen oder Ventilatoren angenehm temperierte Verbindung dar. ... Die Tiefe der Gebäude beträgt etwa 20 Meter. ... Die Wohnungen sollen in den Größenordnungen abwechseln, weil sie 20 verschiedenen Preisklassen ... angehören.«[3]

Auch Le Corbusier hatte ein System entwickelt, bei dem sich einzelne Zellen zu unterschiedlich großen Wohnungstypen zusammensetzen ließen. Er führte ursprünglich 23 verschiedene Typen auf. Die schematische Darstellung dieser Variationen, die er in seiner umfassenden Werkmonographie, dem *Œuvre complète*, publiziert hatte, verbannte er allerdings aus den folgenden Auflagen. Wenn er statt dessen eine einzige Musterwohnung präsentiert, als ob es sich dabei um die Ideallösung handelte, scheint dies im Widerspruch zur Konzeption von vielfältigen Kombinationen zu stehen. Es stellt sich die Frage, welche Rolle die Flexibilität überhaupt für das Gesamtkonzept spielt.

Die Unité d'habitation ist ein kompakter, auf kräftigen Stützen ruhender Baukörper, 137 m lang, 24 m tief und 56 m hoch; das Verhältnis von Länge zu Höhe entspricht also etwa dem der Höhe zur Tiefe. Dieses Volumen ist in jedem dritten Geschoß von einer inneren »Straße« durchschnitten, von der meist doppelstöckige und ineinandergefügte Wohnungen erschlossen werden. Die technische Ausstattung war enorm. Die Wohnungen waren mit Küchen und Bädern und einem aufwendigen Ventilationssystem versehen, und jeder Raum hatte einen separaten Wasseranschluß, was besonders beeindruckend war in einer Zeit, als in Marseille fast jede zweite Wohnung keine Toilette besaß. Doch die wohl bemerkenswerteste Eigenschaft des Gebäudes stellen die 26 von Le Corbusier bei Fertigstellung aufgezählten Gemeinschaftseinrichtungen dar.

»In halber Höhe des Gebäudes befindet sich die Straße mit den Lebensmittelgeschäften mit Zubringerdienst in die Wohnungen. Ein Restaurant, eine Snackbar und ein Tearoom dienen der Verpflegung. Ferner sind vorhanden: Wäscherei, Glätterei, chemische Kleiderreinigung und Färberei, Drogerie, Coiffeur, Post, Tabakladen, Zeitungskiosk, Buchhandlung, Apotheke. An der gleichen ›rue intérieure‹ liegen die Hotelzimmer für die Gäste. Im obersten Stockwerk sind Krippe und Kindergarten eingerichtet, die mit einer für die Kinder reservierten Dachterrasse mit Schwimmbassin verbunden sind. Auf dem Dachgarten befinden sich Aussichtsturm, Sonnenbad, Turnhalle, Freiluftturnplatz, Trainingsbahn von 300 m Länge, Buffet-Bar etc.«[4]

Wie Fouriers »vollkommenes« Wohnmodell konzipierte Le Corbusier eine grundlegende Alternative zu einer ausufernden Bebauung mit kleinen Häusern. Auch er verkündete, ein ideales, Architektur und Urbanismus vereinendes Prinzip gefunden zu haben, von dem auch er überzeugt war, daß sich dessen harmonische Organisation auf die Gesellschaft übertragen werde. Wenn er im Zusammenhang mit seinem Gebäude in Marseille den Begriff der Utopie verwendet – »Wir können morgen Utopia erreichen. Ja, Utopia. Warum nicht?«[5] –, dann nicht im Sinne eines unerreichbaren Nicht-Ortes, eines *ou-topos*, sondern im Sinne einer sozialen Einheit, eines anzustrebenden geordneten Idealzustands, sowohl baulich als auch in gesellschaftlicher Hinsicht. Während er paradoxerweise hauptsächlich Villen ge-

Carsten Krohn

A Building that is a town. About the impact made by the Unité d'habitation

»The topography of the Phalanstery suggests an unspoilt place corresponding in the main with the palaces, monasteries, country houses and residential complexes where the organization of the building and the organization of the built area are one, so that (and this is a very modern view) architecture and urban development cancel each other out in favour of a general science of the human place, whose first characteristic is no longer protection, but circulation.«[1] Roland Barthes

The Unité d'habitation, planned immediately after the Second World War and completed on the outskirts of Marseilles in 1952, is not just seen as one of the most influential buildings ever, but has created almost more controversy than any other. Why did intention and impact clash in this highly ambitious project in particular? Most people look at how it came into being, but not how it was received, so this text will examine the concept, inspirations and aims driving its designer Le Corbusier, and also judgements made by critics, residents and even artists.

Utopia

From the moment building started on his residential complex, which was said to be ideal, Le Corbusier was faced with a phalanx of resistant people who had to be taken seriously and did everything in their power to put a stop to the project. So his book about the building, which in fact appeared two years before the Unité d'habitation was completed, is to be seen as a weapon devised to help him emerge victorious from this »battle«,[2] as he called it. He explained his concept in this publication, but did not list any spiritual predecessors, with the exception of the philosopher and Utopian Charles Fourier. He quoted Fourier's early 19th century prophecy that in future every household would be connected to the water supply. Fourier too had developed an ideal accommodation type in the form of the Phalanstery. It was intended to be a harmonious unit for organizing a new social model, and had an astonishing number of aspects in common with the Unité d'habitation. He explained:

»Let us suppose the experiment to be carried out ... [is intended to] organize the Great Harmony ... in all its fullness. ... It is necessary for a company of 1,500 to 1,600 persons to have a stretch of land ... not far removed from a large city, but sufficiently so to escape intruders. ... The edifice occupied by a Phalanx does not in any way resemble our constructions, whether of the city or country. ... [It] must differ vastly from our villages and country towns, which are intended for families having no social connection, and which act in a perverse manner; in place of that class of little houses which rival each other in filth and ugliness in our little towns, a Phalanx constructs an edifice for itself which is ... regular. ... Apart from individual apartments, the Phalanstery must contain many public halls. ... The apartments will be placed in a carefully composed and graded order; they will be of 20 differing prices.«[3]

Le Corbusier had also developed a system in which individual cells can be assembled to provide dwelling types of different sizes. He originally listed 23 different types. However, he forbade any schematic presentation of these variants, which he had published in his comprehensive *Œuvre complète*, in subsequent editions. But when he presents a single specimen apartment instead, as though it were an ideal solution, this seems to run counter to the concept of multiple combinations. The question arises of the role flexibility played for the concept in general.

The Unité d'habitation is a compact building supported on sturdy piers. It is 137 m long, 24 m deep and 56 m high; the ratio of length to height is roughly that of height to depth. On every third floor, an internal »street« cuts

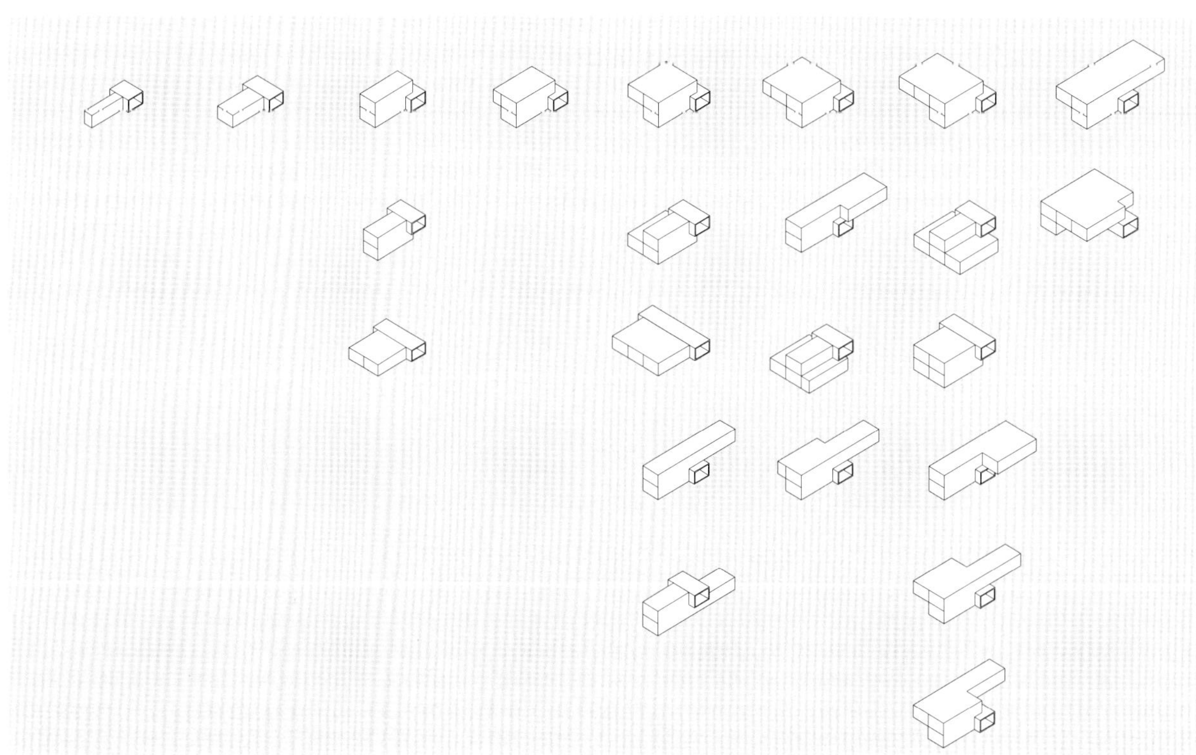

1. Le Corbusier, Wohnungstypen in der Unité d'habitation, Marseille.

1. Le Corbusier, dwelling types in the Unité d'habitation, Marseille.

baut hatte, verkündete er, seine eigentliche soziale Mission liege im Massenwohnungsbau. Seine Theorie vertritt eine für die Moderne typische Analogie von räumlicher und sozialer Struktur.

Kloster und Schiff

Als das bauliche Vorbild für diese soziale Einheit und insbesondere auch für die Unité d'habitation nannte er ein Kartäuserkloster aus dem 15. und 16. Jahrhundert am Rande von Florenz, das er besucht hatte und das Parallelen zu einem Phalanstère aufweist. Seine dortige Erfahrung des harmonischen Zusammenwirkens von Individuellem und Kollektivem – sowohl im Handeln als auch in der räumlichen Organisation – schilderte er als eine Erleuchtung. Aber auch das Zusammenwirken von Gebautem und der umgebenden Natur betrachtete er als vorbildhaft. Wer diese alte und heute noch gut erhaltene Klosteranlage aufsucht, erkennt bereits von weitem eine kompakte und einen Hügel bekrönende Befestigung, der sich die Besucher diese umkreisend annähern. Über eine lange Rampe werden sie plötzlich in eine geordnete Miniaturstadt geleitet, mit Fassaden, Plätzen, Wegen und Arkadengängen sowie sparsamen, doch dramatisch inszenierten Ausblicken auf die unbebaute toskanische Landschaft. Jeder doppelgeschossigen Mönchswohnung ist ein ebenso großer, eingeschlossener Garten zugeordnet, ein Typus, den Le Corbusier in den 1920er Jahren auf Wohnhochhäuser übertragen wollte. Er zeichnete die Vision eines »Villenblocks« aus gestapelten Wohneinheiten mit »hängenden Gärten«, um die Qualitäten von frei stehenden Häusern auf Wohnblöcke zu übertragen.

In seiner Interpretation von Fouriers utopischem Wohnkomplex hat Roland Barthes den Aspekt der Kommunikation herausgestellt.[6] Während den Rückzugsorten ein minimaler Raum allein für das Schlafen gewährt wurde, werden mit Vorliebe und nachdrücklich die geheizten und ventilierten inneren Straßen beschrieben. In der Zirkulation erkennt Barthes das zentrale Thema, das sich auch im verzweigten Wegenetz der Klosteranlage ausdrückt und das möglicherweise ebenfalls die Unité d'habitation prägt, denn Le Corbusier erklärte wie Fourier das Haus als Stadt.[7]

Den Direktauftrag für den Bau erhielt der damals kaum beschäftigte, jedoch berühmte Architekt und Stadtplaner am Ende des Krieges vom Ministerium aufgrund seiner persönlichen Kontakte. Seit Jahrzehnten hatte er sich mit einer derartigen Bauaufgabe auseinandergesetzt und bereits zahlreiche Varianten einer Lösung entwickelt. So war der Typus schon im Vorfeld ausgearbeitet: vom Boden abgehobene und nach dem Sonnenverlauf ausgerichtete, regelmäßige Hochhausscheiben in einer weiten Parklandschaft, mit vielen Gemeinschaftsräumen und kompakten Wohnungen für Familien, deren zentraler Raum sich über zwei Geschosse erstreckt. Als Prinzip dieser Minimierung von individuellen Einheiten zugunsten einer Maximierung von kollektiven Einrichtungen führte er die damaligen Passagierschiffe an. Wie in diesen Schiffen für eine ebenso große Anzahl von Menschen waren auch in seinem Wohnblock Schränke und Ablagen fest eingebaut, und es gab Geschäfte, ein Restaurant und ein offenes Deck mit Solarium.

Wie im industriellen Fahrzeugbau richtete Le Corbusier eine Forschergruppe aus spezialisierten Ingenieuren ein, die in einem langen Optimierungsprozeß zunächst einen Prototyp entwickelt, der sich dann – allerdings erst in der späteren Massenproduktion – auszahlen sollte. Ins Team waren auch andere große Designer einbezogen, wie Jean Prouvé und Charlotte Perriand, die insbesondere an der Ausstattung der Wohnung arbeiteten. Diese war als autonome Einheit konzipiert und sollte ursprünglich, wie frühe Zeichnungen Corbusiers belegen, industriell vorfabriziert und mit einem Kran in ein Gerüst gesteckt oder sogar gehängt werden. Dieses Prinzip sollte ein Jahrzehnt später eine ganze Generation junger Architekten zu utopischen Projekten für Megastrukturen inspirieren.[8] Le Corbusier selbst benutzte die Metapher von der Flasche und einem Weinregal und illustrierte dies mit der Photomontage von einer großen Hand, die eine der Wohnungen wie eine Schublade in das Gerüst schiebt.

Auch wenn es nicht zu der geplanten Serienfabrikation der Wohnmodule kam, bleibt das konstruktive Prinzip der Trennung von Tragwerk und eingeschobener Zelle ein Phänomen, das den Bau prägt. Daß sich das Wohnungsinnere mit seinem massiven Eichenparkett und seinen lackierten Holzpaneeloberflächen wie eine präzise geschreinerte Schatulle von dem rohen Betongerüst abhebt, ist nicht nur sichtbar und fühlbar, sondern auch im akustischen Sinne erlebbar, denn jede Einheit ist vorbildlich schallisoliert.

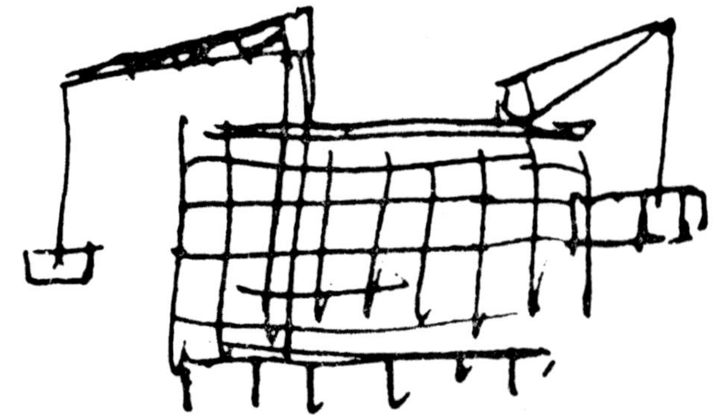

Kritik

Auf den Aspekt der Akustik hatte sich allerdings die frühe Kritik konzentriert. Noch vor Fertigstellung des Gebäudes warnten Architekten und Ärzte in Gutachten, daß eine derart extreme Konzentration von Menschen aufgrund der enormen Lärmbelästigung Geisteskrankheiten auslösen werde.[9] Zwar konnte Le Corbusier über die Abfolge von zahlreichen zuständigen Ministern die Realisierung des öffentlich finanzierten, jedoch immer teurer werdenden Gebäudes durchsetzen, aber es erhielt dennoch in der Bevölkerung den Namen *maison du fada* – Irrenanstalt.[10] Den Protest hatte er allerdings mit provoziert, denn wenn er am Anfang seines Buches über den Bau klarstellte, daß er den Auftrag nur unter der Bedingung der Befreiung von sämtlichen Bauvorschriften annähme,[11] rebellierte er nicht nur gegen das Etablierte, sondern erzeugte auch Neid. Angesichts seiner Prophezeiung, in den folgenden zehn Jahren würden in Frankreich vier Millionen Wohnungen benötigt, maß er der Frage, ob es sich bei diesem Prototyp tatsächlich um eine perfekte Lösung handele, auch eine ernorme wirtschaftliche Bedeutung bei.

Bereits während der langen Bauphase wurde das Projekt intensiv in England diskutiert. In der Architekturabteilung des London County Council wurden die ästhetischen und die sozialen Aspekte unterschiedlich bewertet. Während die Architekten dem Ausdruck des Gebäudes einhellig eine humane Qualität zusprachen, da sich sämtliche Dimensionierungen auf die menschliche Figur bezogen, sahen sie die Gefahr, daß sich im Falle einer – dann auch tatsächlich eingetretenen – Explosion der Kosten die ursprünglich vorgesehenen Mieter die Wohnungen nicht mehr leisten könnten. Dann sei das Vorhaben im sozialen Sinne gescheitert.[12] Sie bemängelten, daß der urbanistische Aspekt bei einem Einzelbau nicht wirksam sei, und bauten in Roehampton, so wie es auch Le Corbusier ursprünglich in-

2. Le Corbusier, Skizze von transportablen Wohneinheiten.
3. Le Corbusier, Wohnung in einer Megastruktur.
4. Kartäuserkloster Ema, Modell.

2. Le Corbusier, sketch of transportable living units.
3. Le Corbusier, apartment in a megastructure.
4. Carthusian monastery Ema, model.

through this volume, giving access to mainly two-storey dwellings, placed one above the other. The technical fittings were highly elaborate. The apartments had kitchens, bathrooms and an elaborate ventilation system; each room had a separate connection to the water mains, which was particularly impressive at a time when almost every second home in Marseilles had no toilet. But probably the 26 communal facilities listed by Le Corbusier on completion are the building's most remarkable feature.

»Along the interior road on level 7 and 8 lies a shopping centre, containing a fish, butcher, milk, fruit and vegetable shop as well as a bakery, a liquor and drugstore. Furthermore there is a laundry and cleaning service, pharmacy, barbershop and a post office. Along the same corridor lies the hotel accommodation and a restaurant snack bar with special service to the apartments. The 17th and last floor contains a kindergarten and a nursery, from where a ramp leads to a roof garden and a small swimming pool for children. Besides the garden and the terrace, the roof contains a gymnasium, an open space for gymnastics, a 300 m sprinters' track and a solarium with a snackbar.«[4]

As was the case with Fourier's »perfect« model dwelling, Le Corbusier conceived a radical alternative to a sprawling development made up of small houses. He too announced that he had found an ideal principle for combining architecture and urban development, and he too was convinced that its harmonious organization would rub off on society. When he uses the idea of Utopia in the context of his Marseilles building – »We can have Utopia tomorrow. Yes, Utopia. Why not?«[5] –, he does not mean an unattainable non-place, an *ou-topos*, but a social unit, an ordered ideal condition that should be striven for, both architecturally and socially. Paradoxically, though he had built mainly villas, he proclaimed that his actual social mission lay in mass housing. His theory is driven by a typically Modernist analogy between spatial and social structure.

Monastery and ship

The architectural model he took for this social unit and particularly for the Unité d'habitation, is a Carthusian monastery on the outskirts of Florence dating from the 15th and 16th centuries. He had visited it, and it shows some parallels with a Phalanstery. He describes a sense of harmonious interplay between the individual and the collective there – both in terms of actions and of spatial organization –, a sense of inspiration. But he also thought that the interplay between the architecture and the surrounding countryside was exemplary. Anyone visiting this old monastery complex, which is still in existence, will see a fortress from afar, compact and placed on top of a hill, and approached by visitors on a circular route. Then a long ramp takes them into an orderly miniature town, quite suddenly, with façades, squares, paths and arcades, and also sparse but dramatically staged views out into the building-free landscape of Tuscany. Each two-storey monk's dwelling has an enclosed garden of the same area, a type that Le Corbusier wanted to use for high-rise housing in the 1920s. He draws his vision of a »villa block« made up of stacked residential units with »hanging gardens«, so that the qualities of free-standing houses can be provided in residential blocks.

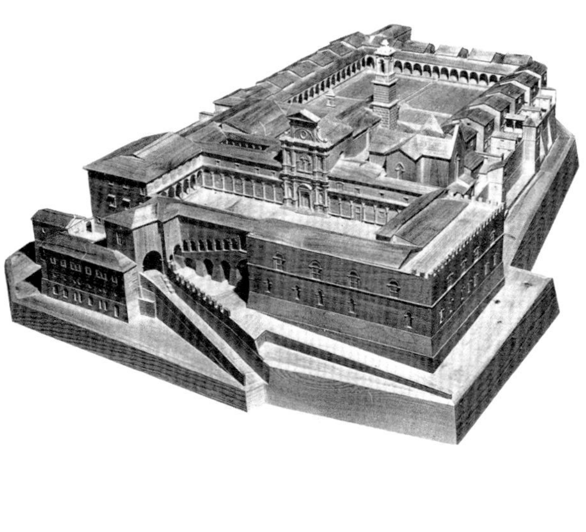

Roland Barthes emphasizes the communication aspect in his interpretation of Fourier's Utopian residential complex.[6] The retreats have a minimal amount of space devoted exclusively to sleeping, but the heated and ventilated internal streets are described enthusiastically and emphatically. Barthes identifies circulation as the central theme. This is also expressed in the intricate pattern of routes within the monastery complex, and it is possible that it is also a formative idea behind the Unité d'habitation, as like Fourier, Le Corbusier declared that the building was a city.[7]

At the time, Le Corbusier was a famous architect and town planner, but had very little to do. He was directly commissioned to design the building by the ministry at the end of the war on the basis of his personal contacts. He had been addressing a building problem of this nature for decades, and already developed numerous variant solutions. So the type had already been worked out in advance: regular high-rise blocks, raised off the ground and placed in relation to the path of the sun in an extensive park landscape, with a large number of communal rooms and compact family flats, with a central space rising through two storeys. He cited the passenger liners of the day as a principle for the minimization of individual units in favour of maximizing communal facilities. Cupboards and shelves were also built into his residential block, just as they would be in ships for the same number of people, and there were shops, a restaurant and an open roof deck with solarium.

Le Corbusier set up a research group of specialized engineers, as in industrial vehicle construction. First they developed a prototype after a long optimization process, and this was supposed to pay for itself – though only when mass production began later. Great designers were also brought into the team, including Jean Prouvé and Charlotte Perriand, both working mainly on interior design for the dwellings. Each was conceived as an autonomous unit, and was originally intended, as early drawings by Le Corbusier confirm, to be prefabricated industrially and placed, or even suspended, in a framework by a crane. A decade later, this principle was to inspire an entire generation of young architects to dream up Utopian megastructure projects.[8] Le Corbusier himself used the metaphor of the bottle and a wine rack, and illustrated this with a photograph of a big hand pushing one of the units into the framework like a drawer.

Even if it never got as far as serial production for the modular dwellings, the structural principle of separating load-bearing structure and inserted cell remained as a formative phenomenon for the building. The interior of the dwelling with its solid oak parquet and lacquered wooden panels, like a precisely crafted casket, is clearly different from the concrete framework; this is not merely visible and tangible, but can also be experienced acoustically, as every unit is perfectly soundproof.

Criticism

However, early criticism had been firmly directed at acoustic aspects. Even before the building was completed, architects and doctors produced a report warning that concentrating so many people in the same space could damage mental health through noise pollution.[9] The building was publicly financed, but costs rose

tendierte, ein Ensemble aus mehreren Unité-Gebäuden. Auch wenn sich diese direkte Nachfolge von der äußeren Erscheinung eng an das Original anlehnt, wurde jedoch auf das vielfältige Angebot von Gemeinschaftseinrichtungen verzichtet.

In England war die Kontroverse um mögliche akustische Probleme bekannt, und es wurde begonnen, diesen Aspekt auf einer baukonstruktiven Ebene zu untersuchen.[13] Durch aufwendige Bleiauflager und eine von Prouvé entworfene Stahlunterkonstruktion konnte eine noch für heutige Verhältnisse hervorragende Schallisolierung erzielt werden, verbunden allerdings mit enormen Kosten. Um sich gegen die Kritiker durchzusetzen, hatte Le Corbusier hier investiert, trotz seiner frühen Argumentation für ein sehr effizientes Bauprinzip. Bei seinen später realisierten Unité-Gebäuden mußte er schließlich, um im wirtschaftlichen Rahmen zu bleiben, sein Entwurfsprinzip des Flaschenregals aufgeben.

Am Tag nach der Einweihung in Marseille schrieb der erleichterte Architekt euphorisch an seine Mutter: »Zahlreiche Frauen umarmten mich. ... Die Männer priesen mich, sie sagten, sie seien im Himmel. ... Es herrscht totale Stille. ... Die Kinder haben schon längst das zukünftige Leben verstanden.«[14] Während er davon überzeugt war, daß das endgültige Urteil von den Bewohnern gesprochen werde, riß die massive Kritik nicht ab. Selbst ein loyaler Anhänger, der Schweizer Architekt Alfred Roth, bemerkte: »Leider nicht sehr erfreulich sind die Korridore, die sogenannten ›rues intérieures‹. Sie sind recht dunkel und trotz der starken Farben nicht sonderlich freundlich. Die indirekte Beleuchtung durch über den Türen angebrachte Lampen erzeugt eine Atmosphäre, die eher an Nachtlokale als an Wohnbaukorridore erinnert.«[15] Le Corbusier entgegnete: »Die absichtlich künstliche Beleuchtung ist ebenso absichtlich schwach gehalten. Die Lampen beleuchten die Türen, deren lebhafte Farben sich von den anderen Farben und Wandmaterialien abheben. Kraftvolle und vielstimmige Symphonie. Die Innenstraße ist geheimnisvoll – eine außerordentliche Schöpfung – eine moderne Entdeckung. Einsamkeit herrscht hier, auch Stille und wirkliche Ruhe.«[16]

Auch wenn die konstante Beleuchtung der inneren Straßen den Charakter des Lichtdurchflutetseins der Wohnungen erst inszeniert als eine intendierte und bei Le Corbusier übliche Konfrontation von Gegensätzen, urteilte der amerikanische Kritiker Lewis Mumford: »Diesen Flur wird man ihm kaum verzeihen.« Seine umfassende Verurteilung bezog er auf das Ganze: »Anstatt den bestmöglichen Grundriß zu erstreben, wählte er den denkbar schlechtesten. ... Das Ladenzentrum ist heute, 5 Jahre nach Einweihung des Hauses, von gräßlicher Trostlosigkeit. ... Mit der ›Unité‹ verrät Le Corbusier die menschlichen Belange um eines monumentalen ästhetischen Effektes willen. Das Ergebnis ist egozentrische Extravaganz.«[17] Während er die extrem tiefen Wohnungen als viel zu dunkel empfand, bezog sich seine Kritik besonders auf die enormen Kosten – 10% seien allein in die aufwendig modellierten Stützen geflossen – sowie auf die Ladenstraße, die nicht funktioniere.

»Als Mumfords These nach 1964 in der Schweizer Presse wieder einmal auftauchte«, erklärte der Corbusier-Forscher Stanislaus von Moos, »war es aufschlußreich, bei der Concierge des Hotels ›Le Corbusier‹ kurz telefonisch anzufragen, ob in der Ladenstraße noch eine Verkaufsfläche zu haben sei. ... Ich notierte folgende Aufzählung: une boucherie, une droguerie, une boulangerie, une teinturerie-blanchisserie, deux épiceries, une papéterie, une mercerie, un coiffeur pour dames, un coiffeur pour messieurs.«[18] Da der Staat bei diesem Experiment einer kleinen Stadt innerhalb eines Hauses die Ladenflächen nicht vermietete, sondern verkaufte, verlagerte er das Risiko auf die Betreiber. Trotz der erheblichen Anlaufschwierigkeiten werden noch heute ein Restaurant und ein Hotel sowie Büros, ein kleiner Supermarkt, ein Bäcker und ein Buchladen betrieben, und auch die Turnhalle mit Sauna auf der Dachterrasse und der Kindergarten mit Pool werden genutzt.

Nachdem sich dieses Wohnhochhaus weltweit auf das Baugeschehen auszuwirken begann, verlagerte sich die Rezeption von der sozialen auf die ästhetische Ebene. Die ideologische Kritik wich einer konkreten Auseinandersetzung mit baukonstruktiven Aspekten. Der Engländer Reyner Banham bezeichnete das Haus als ersten »echten« Nachkriegsbau, da der Umgang mit Sichtbeton eine eigene Architekturströmung, den Brutalismus, auslöste, der sich von England aus international verbreitete. Banham konzentrierte sich in seiner Analyse auf Le Corbusiers Materialbehandlung. »Er sah ein, daß der Beton das Dasein als schmutzige Brühe mit schwebendem Sand, Kies und rutschiger Masse beginnt, unter Bedingungen, die den Unberechenbarkeiten des Wetters und menschlichem Versagen unterworfen sind, gemischt und in eine Schalung gegossen wird, deren Zimmermannsarbeit (in Frankreich) selten den Präzisionsgrad erreichte, der für die Errichtung eines Gartenzauns notwendig ist. ... Aus einer nach außen hin entmutigenden Situation heraus erfand Le Corbusier den Beton beinahe als einen neuen Baustoff, indem er seine Ungeschliffenheit und die der hölzernen Schalung auswertete, um eine architektonische Fläche von rauher Erhabenheit zu schaffen, welche die der verwitterten dorischen Säulen und Tempel ... nachzuahmen scheint.«[19] In seiner Ansprache anläßlich der Übergabe des Gebäudes gestand der Architekt, aus der Not eine Tugend gemacht zu haben. »An allen Ecken und Enden zeigte sich die fehlerhafte Ausführung! ... Ich versuchte, ein Zwiegespräch zwischen Rohheit und Feinheit, zwischen Mattem und Leuchtendem, zwischen Präzision und Zufälligkeit herbeizuführen.«[20]

Dieser elementare Dualismus in seiner Entwurfsmethodik zeigt sich auf unterschiedlichen Ebenen. Dem einheitlichen Grau des Sichtbetons ist eine grelle Farbigkeit der Loggieninnenwände gegenübergestellt, so daß sich mit der Veränderung des Sonnenstands die farbige Gesamterscheinung der exakt im Nord–Süd-Verlauf ausgerichteten Gebäudescheibe permanent ändert. Während sich die angrenzenden Wohnungen voneinander abschotten, öffnen sie sich zur Landschaft, zu den Bergen im Osten und zum Mittelmeer im Westen. Durch die großzügigen Öffnungen erscheint der äußerst kompakte Baukörper dennoch aufgelöst, und der strengen Reihung serieller Elemente sind freie Formen gegenübergesetzt.

Als die Unité d'habitation Mitte des 20. Jahrhunderts gebaut wurde, waren die herrschenden Auffassungen im Wohnungsbau im Wandel begriffen. Während Wohnhochhäuser in den 1920er Jahren allein von der Avantgarde propagiert wurden, begann sich dieser Typus in der Nachkriegszeit allgemein durchzusetzen. Wohngebäude mit kollektiven Einrichtungen waren nicht neu, aber in seiner Konsequenz stellte dieses Gebäude ein Phänomen dar. In der inneren Ladenstraße finden sich

5. London County Council, Siedlung in Roehampton, London, 1959.
6. Le Corbusier, Unité d'habitation, Marseille. Konstruktionsdetail.

5. London County Council, housing estate in Roehampton, London, 1959.
6. Le Corbusier, Unité d'habitation, Marseilles. Construction detail.

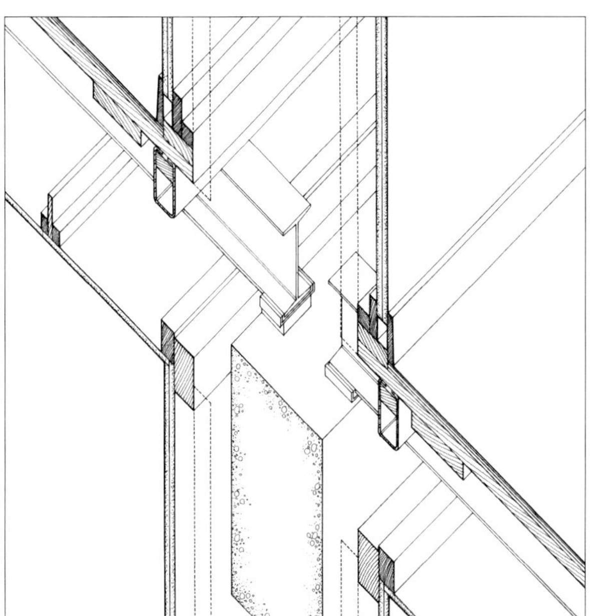

constantly. Le Corbusier did manage to push completion through via a constantly changing sequence of ministers, but the general public still called it the *maison du fada* – lunatic asylum.[10] He had helped to trigger the protest himself, however: when he said at the beginning of the book that he would only take the commission if all building regulations were lifted,[11] he was not just rebelling against established practice, but also generated envy. Given his prophecy that France would need four million homes in the next ten years, he was attaching enormous financial importance to the question of whether this prototype actually was a perfect solution.

There was much discussion about the project in England even during the long building period. London County Council's architecture department assessed its aesthetic and social aspects in different ways. The architects agreed unanimously that the building expressed humanity, as all the dimensions related to the human form, but they recognized the danger that if costs spiralled – which in fact did happen – the original target tenants would not be able to afford the rents. And then the project, they argued, would have failed in the social sense.[12] They also complained that the urban development aspect would not work for a single building, so built an ensemble of several Unité buildings in Roehampton, following Le Corbusier's original intention. This direct successor looks very similar to the original on the outside, but the varied range of communal facilities was not offered.

The controversy about possible acoustic problems was familiar in England, and a start was made on examining this aspect from a structural point of view.[13] Elaborate lead dampers and a steel substructure designed by Prouvé made sound insulation that is outstanding even by today's standards possible, though it did cost a great deal of money. In order to overcome his critics, Le Corbusier had invested here, despite his early argument for a very efficient building principle. He ultimately had to abandon his design principle of the bottle rack for later Unité buildings he realized in order to remain within an economic framework.

The day after the building opened in Marseilles the relieved architect wrote to his mother euphorically: »Women (loads) came and hugged me. ... The men blessed me, saying they were in heaven. ... There is total silence. ... The kids have already understood this future life.«[14] While he was convinced that the occupants would have the last word, the barrage of criticism did not die down. Even a loyal supporter, the Swiss architect Alfred Roth, remarked: »Unfortunately the corridors are not very pleasing, the so-called ›rues intérieures‹. They are pretty dark, and not very welcoming despite the strong colours. The indirect lighting from lamps fitted above the doors is more reminiscent of night clubs than corridors in an apartment block.«[15] Le Corbusier countered: »The deliberately artificial light is equally deliberately kept low. The lamps light the doors, whose lively colours stand out from the other colours and wall materials. A powerful polyphonic symphony. The interior street is mysterious – an extraordinary creation – a modern discovery. There is loneliness here, and also silence and real peace.«[16]

Even though the effect of dwellings with light streaming into them is created only by constant illumination for the internal streets, as an intentional confrontation of opposites that is normal for Le Corbusier, the American critic Lewis Mumford passed this judgement: »Instead of planning to produce the best possible layout for the apartments, he chose the worst possible plan. ... The shopping center is now, five years after the opening of the building, an abomination of desolation. ... In designing Unity House, Le Corbusier betrayed the human contents to produce a monumental aesthetic effect. The result is an egocentric extravagance.«[17] He found the extremely deep dwellings far too dark, but his criticism was particularly directed at the enormous cost – he said that 10% had gone into the elaborately modelled pilotis alone – and into the internal shopping street, which he felt didn't work.

»When Mumford's point cropped up again in the Swiss press after 1964«, explained Corbusier scholar Stanislaus von Moos, »it was revealing to make a quick phone call to the concierge of the ›Le Corbusier‹ hotel to ask whether a sales pitch was still available in the shopping street. ... I jotted down the following list: a butcher's, a chemist's, a baker's, a laundry and dry-cleaner's, two grocer's, one stationer's, one haberdasher's, one ladies' hairdresser, one gentlemen's hairdresser.«[18] As in the experiment of a small town inside a building the state was not letting the shops, but selling them, it was shifting the risk on to the operators. Despite considerable teething trouble, a restaurant and a hotel, offices, a small supermarket, a baker's and a bookshop are still running, and the gym with sauna on the roof terrace and the kindergarten with pool are still in use.

Once this high-rise apartment block had started to make an impact on building events world-wide, reception shifted from the social to the aesthetic plane. Ideological criticism gave way to a concrete analysis of structural aspects. The English critic Reyner Banham called the Unité d'habitation the first »real« post-war building: its treatment of exposed concrete triggered an architectural movement in its own right, Brutalism, which spread all over the world from England. Banham concentrated his analysis on Le Corbusier's treatment of material. »[He] decided to recognise that concrete starts life as a messy soup of suspended dusts, grits and slumpy aggregate, mixed and poured under conditions subject to the vagaries of weather and human fallibility, and left to harden in framework whose carpentry rarely (in France) attained the level of precision required in the construction of a garden fence. ... Out of a superficially discouraging situation, Le Corbusier conjured concrete almost as a new material, exploiting its crudities, and those of the wooden formwork, to produce an architectural surface of a rugged grandeur that seems to echo that of the well-weathered Doric columns of temples.«[19] In his speech on handing the building over, the architect admitted having made a virtue of necessity. »The defects shout at one from all parts of the structure! ... I have decided to make beauty by contrast. I will find its complement and establish a play between crudity and finesse, between the dull and the intense, between precision and accident.«[20]

This primal dualism in Le Corbusier's design methods shows on various planes. The uniform grey of the exposed concrete contrasts with the bright colours of the interior walkway walls, so that the overall sense of the building's colour scheme is in a constant stage of change as the sun moves round its precise north–south orientation line. Adjacent apartments are sealed off from each other, but open up to the countryside, to the mountains in the east and the Mediterranean in the west. The

Geschäfte mit Schaufenstern und Bänke mit Straßenlaternen.

Auch wenn dieses Konzept von den frühen Kritikern attackiert wurde und sich auch im Rückblick nicht allgemein behaupten konnte, inspirierte die Idee dennoch unzählige Architekten und auch Künstler. In den 1960er Jahren entwarfen in allen großen Industriestaaten junge Architekten Projekte für gigantische Megastrukturen mit einsteckbaren Wohnkapseln, die in ihrer angestrebten Mobilität eine Kritik an den monotonen Wohnkomplexen der damals weltweit entstehenden modernistischen Großsiedlungen darstellten. Paradoxerweise basierten beide Modelle, sowohl die starren Betonblöcke als auch die visionären Leichtbau-Megastrukturen, auf Konzepten der Unité d'habitation. Während weltweit unzählige Wohnblöcke allein den Aspekt der effizienten Stapelung von minimierten Wohneinheiten aufgriffen, war die jüngere Architektengeneration insbesondere von einer maximalen Flexibilität sowie vom Konzept des Hauses als Stadt besessen.

Wohnen

»Der Höhepunkt eines architektonischen Systems ist nicht dann erreicht, wenn es sich selbst zu erfüllen scheint, sondern wenn es die größte Anstrengung unternimmt, das Unversöhnliche zu versöhnen.«[21] Mit dieser Einsicht Emil Kaufmanns leitete Peter Serenyi 15 Jahre nach Fertigstellung des Gebäudes eine Analyse von Le Corbusiers Wohnkonzeption ein, da dieser offensichtlich bestrebt war, Polaritäten wie Privatheit und Öffentlichkeit oder Individualität und Kollektivität aufzulösen. Serenyi sah zunächst den Unterschied eines Klosters und eines Schiffes zu einem traditionellen Haus, da der Besitz eines Mönchs oder eines Reisenden auf das absolut Notwendige beschränkt ist, während der Bewohner eines eigenen Heims an einen konkreten Ort gebunden bleibt.

Auch wenn in der Unité d'habitation ursprünglich sehr unterschiedliche Wohnungsgrößen vorgesehen waren, wurden hauptsächlich zwei Varianten einer doppelgeschossigen, etwa 100 m^2 großen Wohnung realisiert, in der die Bewohner über einen Vorraum zunächst in den Eßbereich gelangen und dann über eine elegante, von Prouvé entworfene Treppe entweder nach oben oder nach unten geführt werden. In der zweiten, von Osten nach Westen durchlaufenden Ebene befinden sich die Schlaf- und Sanitärbereiche. Obwohl beide Varianten etwa gleich häufig existieren, da sie ineinander versetzt angeordnet sind, wurde allein diejenige publiziert, in der die Bewohner aufsteigen. Die andere bietet jedoch ein Raumerlebnis von mehr Dramatik, da die Eintretenden hier direkt auf eine Galerie geführt werden, von der sie weit übers Meer bis hin zu vorgelagerten Inseln am Horizont blicken können. Im unteren Geschoß dieser Wohnung sind aber Wohnbereich und Elternschlafbereich direkt nebeneinander ohne trennende Wand angeordnet. Hier beklagte Serenyi einen Mangel an Rückzugsraum.

»Es erscheint mir, zumindest im idealen Falle, daß jede Wohnung des Marseiller Wohnblocks für eine Einzelperson entworfen wurde, die komplett alleine lebt, während sie von der größeren kollektiven Ordnung profitiert. So muß jede Wohnung als ein Junggesellenapartment verstanden werden und das ganze Gebäude als ein Junggesellenwohnheim, mit Gemeinschaftseinrichtungen, die für die Bewohner jederzeit zugänglich sind. Für Familien von unterschiedlicher Größe ist das Gebäude aber in hohem Maße gescheitert.«[22]

Eine derartige Schlußfolgerung findet sich auch in einer Analyse von Bewohnern bestätigt. Dem Architekten »ist es nicht gelungen, das tägliche Aufeinandertreffen verschiedenster und sich verändernder Lebensformen verträglich zu gestalten: Jugendliche fühlen sich überwacht, wenn ihr Zimmer gegenüber der Eingangstür liegt; wer krank ist, früh zu Bett gehen möchte oder zu Hause arbeiten will, findet kaum Ruhe. ... Den Bewohnern bleibt praktisch kein Spielraum für ihre eigenen Vorstellungen.«[23] Viele Bewohner reagierten, indem sie in Eigenregie ihre Wohnungen – insbesondere den unpublizierten Typ – umzubauen begannen. Sie zogen Decken ein, aber verschlechterten dadurch die Belichtung erheblich und zerstörten die ausgewogene Proportionierung von sehr hohen und sehr niedrigen Zonen.

Warum fehlt die Trennwand zwischen dem Wohn- und dem Schlafzimmer? Diese Problematik ist um so bemerkenswerter, als Le Corbusier am Zuschnitt der Wohnung seit Jahrzehnten akribisch feilte. In zahlreichen unrealisierten Projekten wiederholte er den gleichen Typus einer doppelgeschossigen Wohnung, deren gemeinschaftlicher Bereich sich zu einem Luftraum in die Höhe und zu einem eingeschlossenen Freiraum nach außen öffnet. Als Ergebnis dieses langen Optimierungsprozesses ergab sich neben einem hohen Wohnbereich mit angegliederter Küche und Galerie ein niedriger Schlafbereich mit zwei extrem schmalen, 1,83 m breiten Minimalräumen, die aber durch eine verschiebbare Wand miteinander verbunden werden konnten. Die Dimensionen dieser für die Kinder vorgesehenen Zimmer finden sich auch in den Mönchszellen seines Klosters La Tourette.

Wie ein Bildhauer hat der Architekt hier den Wohnraum auf jeden Zentimeter genau durchmodelliert. Sämtliche Dimensionen stehen in einem exakten, von einem 1,83 m großen Menschen abgeleiteten Verhältnis zueinander. Mit einem präzisen geometrischen Proportionssystem hoffte er, eine universale musikalische Harmonie zu erreichen. So wie ein Instrument erst dann gestimmt ist, wenn dessen Töne in regelmäßigen Verhältnissen zueinander stehen, glaubte Le Corbusier, auch den gebauten Raum mit wenigen, aber exakten und auf den menschlichen Körper bezogenen Idealmaßen in einen vollkommenen Einklang bringen zu können.

Die Wohnungen waren in acht Farbtönen ausgemalt und komplett ausgestattet, mit Wandschränken, Regalen, Ablagen und einer von Charlotte Perriand entworfenen Küche sowie separaten Wasseranschlüssen in den Schlafräumen. Auch mit den einfachsten Möbeln sollte die Atmosphäre »ein wunderbares Gefühl von Frieden und Wohlgefallen«[24] ausstrahlen. Von der ursprünglichen Intention, billigen Wohnraum für die Ausgebombten zu schaffen, hatte sich die luxuriöse Ausführung entfernt. Aufgrund der durchdachten Gestaltung und präzisen Detaillierung sind bis heute nahezu alle Küchen im Originalzustand erhalten geblieben. Die Qualität und der Mangel basieren je nach Wahrnehmungsperspektive auf der gleichen Besonderheit des konsequent offenen Grundrisses und der klösterlichen Minimierung der Individualbereiche zugunsten einer Maximierung der gemeinschaftlich genutzten Bereiche.

Trotz der starken Vorgaben – schließlich verband der Architekt mit dem Zuschnitt der Wohnung ein Lebensmodell – war er bemüht, Flexibilität und keine Zwangs-

7. Type inférieur, Wohn- und Schlafraum.

7. Type inférieur, living and sleeping room.

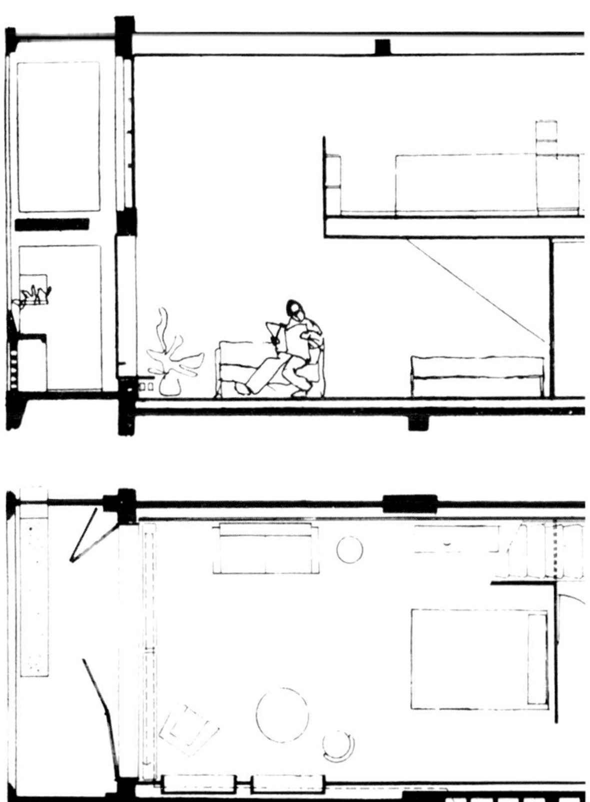

generous apertures make the extremely compact building seem more open, however, and free forms confront the austere accumulation of serial elements.

When the Unité d'habitation was built in the mid 20th century the principal views about housing construction were in a state of flux. In the 1920s it was only the avant-garde who campaigned for high-rise housing, but the type started to become accepted in the post-war period. Residential buildings with communal facilities were not new, but this building was a phenomenon in terms of its consistency. The internal shopping street features shops with display windows and benches with street lamps.

Even though this concept was attacked by early critics and was not able to hold its own generally even in retrospect, the idea inspired countless architects and artists as well. In the 1960s, young artists in all the large industrialized states designed projects for gigantic megastructures with inserted living capsules. With their aspiration to mobility, these represented criticism of the monotonous residential complexes in the large-scale modernistic housing estates that were coming into being all over the world. Paradoxically both models, the stark concrete blocks and the visionary lightweight megastructures were based on concepts drawn from the Unité d'habitation. Countless residential blocks all over the world took up the idea of stacking minimized residential units efficiently, while the younger generation of architects were particularly obsessed by maximum flexibility and the concept of the building as a town.

Living

»The climactic point of an architectural system is not when it seems to fulfil itself but when it makes the utmost effort to reconcile the irreconcilable.«[21] Peter Serenyi used this insight from Emil Kaufmann to introduce an analysis of Le Corbusier's housing concept 15 years after the building was completed, as the architect was obviously interested in breaking down polarities like private-public or individual-collective. Serenyi was quick to see the difference between a monastery or a ship and a traditional building, as a monk's or a traveller's possessions are reduced to absolute necessities, while a homeowner remains tied to a specific location.

Even though the original intention was to provide dwellings of very different sizes in the Unité d'habitation, in fact two variants were realized in the main: a two-storey apartment of approximately 100 sq m in which the occupants either move from the anteroom into the dining area first of all, and are then taken upstairs or downstairs via an elegant staircase designed by Prouvé. The bedrooms and sanitary facilities are on the second level, running right through the building from east to west. Although both variants crop up with equal frequency, as they interlock in design terms, only the version in which the occupants go upstairs was publicized. But the alternative offers a more dramatic spatial experience, as people coming in are taken straight to a gallery from which they look straight out over the sea to the offshore islands on the horizon. On the lower floor of this unit, however, the living area and the master bed-room are placed next to each other without a dividing wall. Here Serenyi complained about a lack of privacy.

»It seems to me that, ideally at least, each apartment of the Marseilles Block is designed for a single human being, living completely alone, while sharing the advantages of a larger collective order. Each apartment, then, must be understood as a bachelor's quarter and the whole building as a bachelor's hostel, with communal facilities available to the inhabitants at all times. Used by families of various sizes, the building is, at least to a large measure, a failure.«[22]

A similar conclusion is also to be found in occupants' analyses. The architect »has not succeeded in designing the daily confrontation of a whole variety of changing ways of life agreeably: young people feel they are under supervision if their room is opposite the front door; anyone who is ill, wants to go to bed early or intends to work at home is unlikely to find peace and quiet. ... The occupants are left with little scope for their own ideas.«[23] Many occupants responded by taking it upon themselves to modify their units – particularly the unpublished type. They inserted ceilings, but made the lighting considerably worse by doing so, and destroyed the balance proportions of very high and very low zones.

Why is there no dividing wall between the living room and the bedroom? This problem is all the more remarkable as Le Corbusier had been assiduously refining the design of the unit for decades. He repeated the two-storey unit type with a communal area opening on to a mezzanine above and an enclosed open space outside in numerous unrealized projects. This long optimization project resulted in a high living area with kitchen and gallery attached and a low sleeping area with two extremely narrow minimal space 1.83 m wide that could be linked together if wished by means of a sliding screen. The dimensions of these rooms intended for children are also repeated in the monks' cells in the La Tourette monastery.

Here the architect has modelled the living space down to the last centimetre, like a sculptor. All the dimensions relate to each other in a precise ratio derived from a person 1.83 m tall. He hoped to achieve universal musical harmony by using a precise system of geometrical proportions. An instrument can be said to be tuned only when its notes relate to each other at regular intervals; Le Corbusier believed that built space could be brought into complete harmony with a very few ideal dimensions derived from the human body.

The units were painted in eight colours and fully fitted out with wall cupboards, shelves, and racks, and a kitchen designed by Charlotte Perriand; there were separate water supplies in all the bedrooms. Even with the simplest of furniture the atmosphere was intended to exude »a delightful sensation of peace and content«.[24] This luxurious finish was a far cry from the original intention of providing cheap accommodation for people who had lost their homes in air raids. The carefully considered design and precise detailing have meant that almost all the kitchens have survived in their original form. The strengths and deficiencies derive, according to point of view, from the same specific quality of the consistently open ground plan and the monastic minimization of the individual areas in favour of maximizing the communally used areas.

Despite the strict guidelines – ultimately the architect was linking the dimensions of the unit with a living model – he was concerned to create flexibility and no constrained situations. »Provided that you are in a room for long enough it creates something like a three-dimension-

situationen zu schaffen. »Indem man lange genug in einem Raum ist, erzeugt er so etwas wie ein dreidimensionales Unbewußtes. Man kann sich dann in ihm aufhalten, ohne zu bemerken, worin man ist. Dann hat man sein Bewußtes außen vor gelassen, und so wollen Menschen ja eigentlich sein.«[25] Bedenken wir diese vom Philosophen Peter Sloterdijk aufgegriffene bekannte Einsicht über die unterschwellige Wahrnehmung von Architektur, dann verstehen wir, daß die Bewohner in ihren Beurteilungen nicht über die Architektur an sich sprechen, sondern über konkrete Lebenssituationen.

»Die Möglichkeit, früh am Morgen in den dritten Stock hinauf- oder hinuntersteigen zu können, um frische Baguettes oder Croissants zu kaufen, sogar in Pantoffeln oder im Morgenmantel, schafft eine gewisse dörfliche Intimität und Vertrautheit unter den Mietern. Vor allem die älteren Bewohner schätzen diese nahen Dienstleistungen. Genauso angenehm ist es, wenn man bei einem überraschenden Besuch von Freunden schnell noch einen Abstecher in den ebenfalls im dritten Stock gelegenen Supermarkt machen kann, um ein Abendessen zu improvisieren. ... Nach einer ... Studie ist der verbale Austausch in Frankreich im Laufe des letzten Jahrzehnts um 40% zurückgegangen. Bei uns im ›Corbu‹ ist das Gegenteil der Fall.«[26]

Die der Kommunikation dienende, frei zirkulierende Wegeführung ist auch ein wesentliches Merkmal des Dachgartens, der in den Augen eines Bewohners »inspirierendste Teil des Gebäudes. Es ist der perfekte Ort zum Meditieren, Spazierengehen und Träumen, hoch im Himmel, inmitten skulpturaler Formen. Er wurde als Ort des Zusammentreffens entworfen, aber man kann auch eine erlesene Einsamkeit hier finden; er erlaubt eine bemerkenswerte Synthese von Austausch und Kontemplation.«[27] Hier befindet sich einer der intimsten Räume, die Sauna, mit einem kleinen Fenster, durch das sich ein spektakulärer Panoramablick über die bergige Landschaft und das eingebettete Marseille bietet.

Seit der Fußballweltmeisterschaft und dem TGV-Anschluß nach Paris sind die Wohnungspreise der mittlerweile aufwendig sanierten und unter Denkmalschutz stehenden Unité d'habitation explodiert. Während das Haus für viele der frühen Mieter lediglich ein Haus war, ist es für die architektonisch gebildete Klientel, welche die in Eigentum umgewandelten Wohnungen heute anziehen, mehr. Es stellt ein gebautes Manifest dar, mit dem viele bereit sind, sich zu identifizieren. Allerdings waren Intention und Wirkung in einen Konflikt geraten. Während der Architekt mit seiner offenen Raumschöpfung die Hausfrau befreien wollte, wurde kritisiert, daß sie das Gebäude überhaupt nicht mehr verlassen müßte. Die erbitterte Kontroverse um diesen Prototyp ist nicht allein damit zu erklären, daß die bauliche Organisation auch eine gesellschaftliche sein sollte; es ist die urbanistische Dimension der an innere »Straßen« angegliederten und voneinander isolierten Behausungen und deren beanspruchte Allgemeingültigkeit. Während die Forderung nach neuen Wohn- und Lebensformen beim Einfamilienhaus lediglich ein Einzelproblem darstellt, beansprucht sie in der hier formulierten urbanistischen Dimension eine umfassende Gültigkeit. Fast mit Stolz verwies Le Corbusier auf seine Kritiker, aber er vergaß nicht zu erwähnen, daß sich hingegen Pablo Picasso vom Gebäude beeindruckt zeigte.

Kunst

Als der Künstler Christian Philipp Müller 1988 die Unité d'habitation in Firminy besuchte, bot sich ein vollkommen anderes Bild als in Marseille. Dies war nach Nantes, Berlin und Briey die letzte der großen »Wohnmaschinen«, wie Le Corbusier sie nannte. Wie auch weitere der späten Unité-Gebäude war das Haus verwahrlost und stand halb leer, so daß beschlossen wurde, um Heizkosten zu sparen, die Bewohner in eine Hälfte umzusiedeln. Der Künstler regte eine Ausstellung von ortsbezogener Kunst in dem aufgegebenen Teil an.

Aber auch der Bau in Marseille rückte in den Fokus der Kunst. Anfang der 1990er Jahre quartierte sich der Künstler Rainer Oldendorf hier monatelang ein und begann eine »phänomenologische«[28] Untersuchung. Aus der Perspektive der realen Erfahrung setzte er sich mit der ursprünglichen Utopie auseinander. In einer Installation[29] konfrontierte er Intention und Wirkung durch eine Doppelprojektion mit Photographien aus den 1950er Jahren von Lucien Hervé und eigenen Aufnahmen aus identischen Blickwinkeln. Die historischen Bilder und ein begleitender Text, der von einer Kassette abgespielt wurde, stammten aus einer Werbebroschüre der Anfangszeit, einer Art Gebrauchsanweisung, in der das Wohnkonzept propagiert wurde. Das unkommentierte Gegenüberstellen war Kommentar genug, insbesondere dadurch, daß dieser Text nicht ohne Ironie erschien. »Hier ist der Platz, wo sich zu bestimmten Stunden des Tages alle Familienmitglieder an einem besonders beschaffenen Ort versammeln. Zu den Mahlzeiten und für die Freizeit finden sich der Vater, die Mutter und die Kinder in der Intimität und der Harmonie der familiären Bande ein und erneuern so die alte Familientradition.«[30]

1993 kuratierte schließlich Yves Aupetitallot im leerstehenden Gebäudeteil in Firminy eine große Ausstellung, an der auch Christian Philipp Müller teilnahm. Dieser Beitrag erscheint insbesondere im Kontext der Wirkungsgeschichte von Interesse, da er sich mit dem Aspekt der Akustik auseinandersetzte, einem Thema, mit dem die Unité-Rezeption bereits Jahre vor der Fertigstellung des ersten Baus begonnen hatte. In einem Gutachten wurde damals davor gewarnt, daß eine derartige Konzentration von Menschen Geisteskrankheiten auslösen werde, und Le Corbusier reagierte mit dem aufwendigen Konstruktionsprinzip der Flasche im Weinregal. Durch den außergewöhnlichen, mit Bleiauflagern und Stahlunterkonstruktionen erreichten Lärmschutz unterscheidet sich der Bau in Marseille erheblich von den späteren, aus herkömmlichen Betonplatten konstruierten Nachfolgern. Auch der Künstler hatte ein Gutachten in Auftrag gegeben und präsentierte im posthum vollendeten Betonbau von Firminy die Ergebnisse von Schalluntersuchungen. Die nüchtern-technischen Diagramme, die einen mangelhaften Schallschutz attestierten, stellte er in Gold gerahmt in der Wohnung aus und verhängte die Fensterfront mit einem schweren Vorhang, der eine »luxuriöse Isolation« thematisiert.[31]

Mit den späten Unité-Bauten begegnete Le Corbusier zwar der ursprünglichen Kritik, nicht für die sozial Schwachen zu bauen, gab aber die Vielzahl von Gemeinschaftsräumen auf. Ohne den ebenfalls aufgegebenen perfekten Schallschutz ist allerdings auch das Gefühl, in einem isolierten Eigenheim zu leben, nicht mehr gegeben. So bleibt allein die erste Unité d'habitation in Marseille als eine »vertikale Gartenstadt« ein Schlüsselwerk.

8, 9. Christian Philipp Müller, Unité-Projekt, Firminy, 1993.

8, 9. Christian Philipp Müller, Project Unité, Firminy, 1993.

al subconscious. You can then spend time in it without noticing what you are in. Then you have left your conscious self outside, and that is how people want to be.«[25] If we consider this familiar insight, taken up here by the philosopher Peter Sloterdijk, about perceiving architecture subliminally, we understand that the occupants are not talking about the architecture as such when making their judgements, but about concrete life situations.

»The possibility of being able to go up or down to the third floor in the early morning to buy fresh baguettes or croissants, even in dressing-gown or slippers, creates a certain sense of village intimacy and familiarity among the tenants. The older inhabitants in particular value having these services close by. It is just as pleasant to be able to pop down to the supermarket, which is also on the third floor if you have surprise visitors and want to rustle up a quick supper. ... According to a ... study, verbal exchange has decreased by 40% in France in the last decade. The opposite is the case for us in the ›Corbu‹.«[26]

Free circulation pathways for the sake of communication are also a fundamental feature of the roof garden, which in the eyes of one resident »is the most inspiring part of the building. It is the perfect place to meditate, walk and dream, high in the sky, amid sculptural forms. It was designed as a meeting place yet one can also find exquisite solitude here, it allows a remarkable synthesis of exchange and contemplation.«[27] Here is one of the most intimate spaces, the sauna, with a little window offering a spectacular panoramic view of the mountainous countryside with Marseilles embedded in it.

Since the Football World Cup and the TGV link with Paris, the price of accommodation has gone through the roof in the Unité d'habitation, now elaborately refurbished and listed. For many of the early tenants, the building was simply a building, but it is rather more than that for today's architecturally literate clientele moving into the now owner-occupied apartments. For them it is a built manifesto, and many people are prepared to identify with it. But a conflict had arisen between intention and effect. The architect intended the open spaces he had created to liberate housewifes, but he was criticized because they no longer needed to leave the building at all. The embittered controversy about this prototype cannot be explained simply by the fact that the architectural organization was supposed to be social as well, it turns around the urban-development dimension of the dwellings, structured into the internal »streets« and isolated from each other, and the generally validity claimed for them. For detached housing, the demand for new ways of living and conducting home life is simply an individual problem, but it claims universally validity in terms of the urban-development dimensions formulated here. Le Corbusier used to cite his critics almost with pride, but he never forgot to mention that Pablo Picasso had expressed admiration for the building.

Art

When the artist Christian Philipp Müller visited the Unité d'habitation in Firminy in 1988, he was confronted with a very different picture from Marseilles. This was the last of the large »machines à habiter«, as Le Corbuser called them, following Nantes, Berlin and Briey. Like others of the late Unité buildings, this one was dilapidated and standing half empty, so a decision was taken to move the residents into one half, to save on heating costs. The artist suggested an exhibition of site-related art in the abandoned section.

But the Marseilles building attracted an artist's attention as well. The artist Rainer Oldendorf moved in here for months and started a »phenomenological«[28] investigation. He addressed the original Utopia from the point of view of real experience. He used an installation[29] to confront intention and result through a double projection with 1950s photographs by Lucien Hervé and his own shots taken from the identical angles. The historical images and an accompanying text played from a cassette came from an advertising booklet dating from the initial period, a kind of manual advocating the life-style concept. But the juxtaposition was comment enough, even without comments, especially because this text seemed to carry just a hint of irony: »This is the place where all the family members come together at certain hours of the day at a specially created place. Father, mother and children meet for their meals and leisure time in the intimacy and harmony of family ties, thus reviving the old family tradition.«[30]

In 1993, Yves Aupetitallot curated a major exhibition also featuring Christian Philipp Müller in the empty section of the Firminy building. This contribution seems particularly interesting in the context of the story of the impact the building made, as it examined the acoustics aspect, a topic that Unité reception had been addressing years before the first building was completed. A report had warned at the time that so dense a concentration of people could trigger madness, and Le Corbusier responded with the elaborate principle of the bottle in the wine rack. With its extraordinary sound insulation achieved with lead dampers and steel substructures, the Marseilles building differs considerably from the later ones, which are constructed from traditional concrete slabs. Christian Philipp Müller had commissioned a report as well, and presented the results of sound tests in the posthumously completed Firminy building. He presented the functionally technical diagrams certifying inadequate sound insulation framed in gold in the apartment and hung a heavy curtain over the window façade to suggest »luxurious isolation«.[31]

Le Corbusier did counter the original criticism of not building for the socially disadvantaged with the late Unité buildings, but abandoned the large number of communal spaces. Without the perfect sound insulation, which he also abandoned, there is also no longer a feeling of living in an isolated home of one's own. So only the first Unité d'habitation in Marseilles remains a key work as a »vertical garden city«.

Anmerkungen

[1] Roland Barthes, *Sade Fourier Loyola*, Frankfurt am Main 1986, S. 129–130, Paris 1971, S. 116, 117: »La topographie du phalanstère trace un lieu original, qui est en gros celui des palais, monastères, manoirs et grands (›ensembles‹), où se confondent une organisation de l'édifice et une organisation du territoire, en sorte que (vue toute moderne) l'architecture et l'urbanisme se défassent l'un l'autre au profit d'une science générale du lieu humain, dont le caractère premier n'est plus la protection, mais la circulation.«
[2] Le Corbusier, *The Marseilles Block*, London 1953 (Mulhouse 1950), S. 8.
[3] Charles Fourier, zitiert in: Leonardo Benevolo, *Die Ursprünge des modernen Städtebaus*, Gütersloh 1971 (Bari 1963), S. 66–70.
[4] *Le Corbusier. Œuvre complète 1946–1952*, Zürich 1953, S. 194.
[5] Le Corbusier, *The Marseilles Block*, a. a. O. (Anm. 2), S. 23.
[6] Siehe Anm. 1.
[7] Charles Fourier bezeichnete das Phalanstère als »miniature town« (Benevolo 1967, S. 61), und Le Corbusier die Unité d'habitation als »vertical garden city« (Anm. 5, S. 11).
[8] Vgl. Carsten Krohn, *Buckminster Fuller und die Architekten*, Berlin 2004, insbesondere die Kapitel über Archigram und die Metabolisten.
[9] Maurice Puteaux, Bericht des Conseil Supérieur d'Hygiène Publique de France, Beilage zu: *L'Architecture Française*, Nr. 85–86, 1949.
[10] Le Corbusier, *The Marseilles Block*, a. a. O (Anm. 2), S. 11–12.
[11] Ebd. S. 7.
[12] Diese Diskussion wurde publiziert in: *The Architectural Review*, Mai 1951, S. 293–300.
[13] Oliver und Charlotte Carey, »Unité d'habitation«, in: *Architects' Year Book 4*, 1951 (London 1952), S. 133, sowie Donald Tomkinson, »The Marseilles Experiment«, *The Town Planning Review*, Okt. 1953, S. 202.
[14] Le Corbusier, Brief an die Mutter, zitiert in: Jacques Sbriglio, *Le Corbusier: L'Unité d'habitation de Marseille*, Basel, Boston, Berlin 2004, S. 177.
[15] Alfred Roth, »Der Wohnbau ›Unité d'habitation‹ in Marseille«, *Werk*, Jan. 1954, S. 22.
[16] Le Corbusier, *Kinder der strahlenden Stadt*, Stuttgart 1968, S. 46.
[17] Lewis Mumford, »Der ›Nonsens‹ von Marseille«, *Baukunst und Werkform*, Heft 1, 1958, S. 30–32.
[18] Stanislaus von Moos, *Le Corbusier – Elemente einer Synthese*, Frauenfeld 1968, S. 243.
[19] Reyner Banham, *Brutalismus in der Architektur*, Stuttgart 1966, S. 16.
[20] Le Corbusier, Ansprache anläßlich der Übergabe der Unité d'habitation am 14.10.1952, in: *Le Corbusier. Œuvre complète 1946–1952*, S. 193.
[21] Emil Kaufmann, *Architecture in the Age of Reason*, Cambridge, MA, 1955, S. 123.
[22] Peter Serenyi, »Le Corbusier, Fourier, and the Monastery of Ema« (1967), in: ders. (Hrsg.), *Le Corbusier in Perspective*, Englewood Cliffs, NJ, 1975, S. 115.
[23] Sylvie Bredeloup, Philippe Fasquelle, »Alltag am Boulevard Michelet 280«, *Bauwelt*, 24, 1998, S. 1404 bis 1405.
[24] Le Corbusier, Brief an die Mutter, zitiert in: Jacques Sbriglio, *Le Corbusier: L'Unité d'habitation de Marseille*, a. a. O. (Anm. 14), S. 177.
[25] Peter Sloterdijk in einem Gespräch mit Stephanie von Neuhoff, *Hamburger Abendblatt*, 19./20. 5. 2007, S. 3.
[26] Siehe Anm. 23.
[27] Eric Broquère, zitiert in: Lesley Hussell, »Le Corbu«, *The Architectural Review*, Juni 1997, S. 78.
[28] Mit diesem Begriff beschrieb Roger M. Buergel die Arbeit von Rainer Oldendorf. Roger M. Buergel, »Arbeiten an der Grenze des Realen«, *Texte zur Kunst*, Sept. 2001.
[29] Rainer Oldendorf baute seine Wohnung im Ausstellungskontext nach und zeigte diese Arbeit vom 11. 9. bis 17. 10. 1992 in den Ateliers d'artistes in Marseille.
[30] Le Corbusier, *Unité d'habitation Marseille*, Broschüre ohne Erscheinungsangabe.
[31] Vgl.: Philipp Kaiser (Hrsg.), *Christian Philipp Müller*, Ostfildern 2007, S. 108–113.

Notes

[1] Roland Barthes, *Sade Fourier Loyola*, Paris, 1971, pp. 116, 117: »La topographie du phalanstère trace un lieu original, qui est en gros celui des palais, monastères, manoirs et grands ›ensembles‹, où se confondent une organisation de l'édifice et une organisation du territoire, en sorte que (vue toute moderne) l'architecture et l'urbanisme se défassent l'un l'autre au profit d'une science générale du lieu humain, dont le caractère premier n'est plus la protection, mais la circulation.«
[2] Le Corbusier, *The Marseilles Block*, London, 1953 (Mulhouse, 1950), p. 8.
[3] Charles Fourier, quoted in: Leonardo Benevolo, *The Origins of Modern Town Planning*, London, 1967 (Bari 1963), pp. 59–60.
[4] *Le Corbusier. Œuvre complète 1946–1952*, Zurich, 1953, p. 194.
[5] Le Corbusier, *The Marseilles Block*, loc. cit. (note 2), p. 23.
[6] See note 1.
[7] Charles Fourier called the Phalanstery a »miniature town« (Benevolo 1967, p. 61), and Le Corbusier described the Unité d'habitation as a »vertical garden city« (note 5, p. 11).
[8] Cf. Carsten Krohn, *Buckminster Fuller und die Architekten*, Berlin, 2004, especially the chapters on Archigram and the Metabolists.
[9] Maurice Puteaux, report of the Conseil Supérieur d'Hygiene Publique de France, supplement to: *L'Architecture Française*, no. 85–86, 1949.
[10] Le Corbusier, *The Marseilles Block*, loc. cit. (note 2), pp. 11–12.
[11] Ibid., p. 7.
[12] This discussion was published in: *The Architectural Review*, May 1951, pp. 293–300.
[13] Oliver and Charlotte Carey, »Unité d'habitation«, in: *Architects' Year Book 4*, 1951, (London, 1952), p. 133, and Donald Tomkinson, »The Marseilles Experiment«, *The Town Planning Review*, Oct. 1953, p. 202.
[14] Le Corbusier, letter to his mother, quoted in: Jacques Sbriglio, *Le Corbusier: L'Unité d'habitation de Marseille*, Basel, Boston, Berlin, 2004, p. 177.
[15] Alfred Roth, »Der Wohnbau der ›Unité d'habitation‹ in Marseille«, *Werk*, Jan. 1954, p. 22.
[16] Le Corbusier, *Kinder der strahlenden Stadt*, Stuttgart, 1968, p. 46.
[17] Lewis Mumford, »The Marseilles ›Folly‹«, *The New Yorker*, 5 Oct. 1957, pp. 88, 92, 95.
[18] Stanislaus von Moos, *Le Corbusier – Elemente einer Synthese*, Frauenfeld, 1968, p. 243.
[19] Reyner Banham, *The New Brutalism – Ethic or Aesthetic*, London, 1966, p. 16.
[20] Le Corbusier, speech on handing over the Unité d'habitation on 14 Oct. 1952, in: *Le Corbusier. Œuvre complète 1946–1952*, p. 191.
[21] Emil Kaufmann, *Architecture in the Age of Reason*, Cambridge, MA, 1955, p. 123.
[22] Peter Serenyi, »Le Corbusier, Fourier, and the Monastery of Ema« (1967), in: same author (ed.), *Le Corbusier in Perspective*, Englewood Cliffs, NJ, 1975, p. 115.
[23] Sylvie Bredeloup, Philippe Fasquelle, »Alltag am Boulevard Michelet 280«, *Bauwelt*, 24, 1998, pp. 1404 to 1405.
[24] Le Corbusier, letter to his mother, quoted in: Jacques Sbriglio, *Le Corbusier: L'Unité d'habitation de Marseille*, loc. cit. (note 14) p. 177.
[25] Peter Sloterdijk in conversation with Stephanie von Neuhoff, *Hamburger Abendblatt*, 19/20 May 2007, p. 3.
[26] See note 23.
[27] Eric Broquère, quoted in: Lesley Hussell, »Le Corbu«, *The Architectural Review*, June 1997, p. 78.
[28] Roger M. Buergel used this term to describe Rainer Oldendorf's work. Roger M. Buergel, »Arbeiten an der Grenze des Realen«, *Texte zur Kunst*, Sept. 2001.
[29] Rainer Oldendorf reconstructed his home in the exhibition context and showed this work from 11 Sept. to 17 Oct. 1992 in the Ateliers d'artistes in Marseilles.
[30] Le Corbusier, *Unité d'habitation à Marseille*, brochure with no publication date.
[31] Cf. Philipp Kaiser (ed.), *Christian Philipp Müller*, Ostfildern 2007, pp. 108–113.

Alban Janson

»Émouvant de jour et magique la nuit.«[1] Die architektonische Wirklichkeit der Unité d'habitation

In diesem Teil des Buches geht es um das beharrliche Beobachten und das genaue Beschreiben der Architektur: Die Unité d'habitation als Gegenstand von Wahrnehmung, Erleben und selbstreflexiver Erfahrung.[2] Diesmal kommt es nicht darauf an zu wissen, was die Architekturgeschichte über dieses Gebäude zu sagen hat. Im Vordergrund steht vielmehr jenes Ziel der Architektur, umfassende Situationen zu gestalten, in denen die beteiligten Personen selbst mitspielen. Diese Situationen können nicht über datierbare Fakten oder zähl- und meßbare Eigenschaften des Gebauten verstanden werden, sondern nur über die vor Ort[3] erlebten Wechselwirkungen von Raum und Bauwerk mit dem konkreten Handeln und der realen Bewegung. Als belebte Wohnarchitektur kann die Unité d'habitation daher nicht wie ein rein dinghaftes Gebäudeobjekt behandelt werden, sondern nur als Teil konkreter Situationen. Auch die des analysierenden Architekturtheoretikers auf Besuch mag dazugehören. Dabei ist das Gebäude zwar in das gebrauchende Handeln einbezogen; da aber der spezielle Zweckzusammenhang eines partikularen Interesses die Wahrnehmung wieder einengt und vieles verdeckt, werden hier vorzugsweise sehr allgemeine Handlungszusammenhänge berücksichtigt: Ankommen, Eintreten, Hinaufsteigen, Zirkulieren, Sich-Niederlassen, Hinausblicken etc. Auch wenn Architektur in der Regel beiläufig erlebt wird, lassen sich die Wirkungsweisen der architektonischen Mittel nur durch geschärfte Wahrnehmung auf allen Sinnesebenen aufdecken und beschreiben. Manchmal verlangt der sprachliche Ausdruck dafür leicht überspitzte Formulierungen.

Es soll im folgenden aber auch nicht um die Frage gehen, ob und wie die Unité heute »funktioniert«. Im Unterschied zu einer soziologischen Studie, wie sie beispielsweise für die Unité d'habitation in Rezé bei Nantes kürzlich durchgeführt wurde,[4] interessiert uns hier das über die wechselnden Bedürfnisse hinausgehende und ihnen gegenüber invariante Erfahrungspotential einer Architektur von hoher Prägnanz. Auch wenn bei diesem Bauwerk die baulichen Lösungen für bestimmte soziale und funktionale Zwecke zeitbedingt erscheinen, wird eine Reihe von allgemeinen Grundelementen der Wahrnehmung, der Bewegung, der Atmosphäre und der Raumgestik architektonisch auf eine Art artikuliert – »architekturiert«, wie Le Corbusier sagt[5] –, daß sie heute als Beispiele für »architektonische Nachhaltigkeit« gelten können.

Weder das Objekt also noch sein Funktionieren stehen im Vordergrund, sondern das komplexe Erleben, das über die rein visuelle Formwahrnehmung hinausgeht und die Körpersinne einbezieht, zu denen auch die räumliche Eigenwahrnehmung gehört, welche sich über Körperhaltung und Bewegung mitteilt. Stets wird Architektur auch in der räumlichen Ausdehnung des eigenen Selbst erlebt, die entschieden über die eigenen Körpergrenzen hinausreicht. Dieses erweiterte Einnehmen von Raum wird zwar über die Fernwahrnehmung von Sehen und Hören initiiert, aber durch die Vorstellung des Dort-Seins ergänzt. »Im Wahrnehmen langen wir gewissermaßen zu den Dingen aus.«[6] Dieser Raum unserer Anwesenheit ist zugleich durch Stimmung und Atmosphäre geprägt. Eigentümlich für das menschliche Wahrnehmen und Erleben ist außerdem die reflexive Fähigkeit, Distanz zu sich selbst herzustellen und sich selbst beim Wahrnehmen zu erleben. Der reflexive Blick auf die eigene Situation umfaßt insbesondere den konkreten Schauplatz und die räumliche Ausstattung dieser Situation. Unter Einbeziehung des gestalteten, also architektonischen Raumes, der gewissermaßen die Bühne für diesen Auftritt vor sich selbst bildet, kann daher die für das menschliche Erleben typische exzentrische Wahrnehmung als szenisches Erleben betrachtet werden.[7]

Positur und Physiognomie

Viele Bewohner der Unité d'habitation in Marseille sind überzeugte »Corbusianer«, sie leben gern hier und identifizieren sich persönlich mit diesem Gebäude – eine Haltung, die nicht in erster Linie von dessen architekturgeschichtlicher Bedeutung abhängt. Doch in welchem Zusammenhang steht sie mit der Tatsache, daß es sich gerade um dieses Bauwerk mit seiner besonderen Architektur handelt und nicht um irgendein beliebiges Haus? Ist die affektive Bindung an das Haus, die immer wieder in den Aussagen der Bewohner anklingt, eine Qualität, die sie nur durch ihr eigenes Wohnen produzieren? Oder sind genuin architektonische Eigenschaften des Gebäudes daran beteiligt?

Eine der architektonischen Eigenschaften, die emotionale Beziehungen der Bewohner zu einem Bauwerk herausfordern, ist – in einem erweiterten Sinne – dessen Auftreten als Persönlichkeit. Dazu gehört nicht nur, daß es Unverwechselbarkeit und Charakter aufweist. Seine Persönlichkeit zeigt sich auch in einer spezifischen Physiognomie, d. h. der (innere) Charakter kann sich wie bei einem Lebewesen in der Erscheinung ausdrücken.[8] Dadurch teilt sich das Bauwerk mit. Viele Gebäude Le Corbusiers besitzen diese Eigenschaft, auch die Unité d'habitation in Marseille.

Das Gebäude steht, leicht gegen die Straßenflucht geschwenkt und zurückgesetzt, am Boulevard Michelet, der Hauptverkehrsachse zum Stadtzentrum. Daß es dort »steht«, kann im Unterschied zu irgendeinem anderen Bauwerk bei diesem Gebäude beinahe wörtlich genommen werden, »Stehen« als Ausdruck einer aktiven Tätigkeit. Kommt man den Boulevard Michelet entlang von Norden, dann sieht man das Bauwerk beim Näherkommen jedenfalls hoch aufgereckt auf eigenen Füßen stehen. Mehr noch, es tritt, exponiert und mit charakteristischer Gestalt als eigenständiger Körper jedem Ankommenden entgegen und provoziert durch seine Aktivität dessen Reaktion. Denn mit der Schrägstellung zur Straße setzt es sich von der städtebaulichen Struktur der Umgebung ab und stellt Abstand zur Nachbarbebauung her, gerade so, als habe es sich durch diese eigenwillige Schwenkung Platz geschaffen, sich freigespielt, in Positur gestellt.

Anders als ein großes (Hoch-)Haus, das unmittelbar an der Straße steht und deshalb vorzugsweise im Erdgeschoß wahrgenommen wird, erscheint das frei stehende Gebäude als Ganzes, in seiner Höhe, aber auch in seiner Beziehung zur Umgebung. Daß ein Bauwerk sich durch isolierte Stellung und eigenwillige Orientierung aus dem Kontinuum der städtischen Bebauung absondert, kennen wir von Monumenten. In einer derart akzentuierten Sicht zeichnet sich auch die Unité d'habitation durch ein selbständiges, selbstbewußtes Auftreten als unabhängiger Baukörper aus. Den Bewohnern

Alban Janson

»Émouvant de jour et magique la nuit.«[1] The architectural reality of the Unité d'habitation

This part of the book is about observing architecture assiduously and describing it precisely: the Unité d'habitation as an object to be perceived, experienced and subjected to self-reflection.[2] This time it is not about knowing what architectural history has to say about the building. This study concentrates much more on architecture's aim to create inclusive situations, with people involved playing a part themselves. Situations of this kind cannot be understood through datable facts or countable, measurable qualities relating to the built result, but only through the interplay, as experienced on the spot[3], between space and the building on one hand and concrete action and real movement on the other. So, as animate residential architecture the Unité d'habitation cannot be treated as a built pure object, but only as part of concrete situations. And the analytical architectural theorist on a visit may be part of that. Here the building is included in this active use, but as the special purpose and context of a particular interest again confines perception, and conceals a great deal, very general action contexts are addressed here in the main: arriving, entering the building, moving upwards, circulating, settling in, looking out etc. Even if architecture is usually experienced only casually, the ways in which the architectural devices make their impact can only be revealed and described through sharpened perception by all the senses. Sometimes expressing this linguistically can require slightly exaggerated formulations.

But this essay is not going to address the question of whether and how the Unité »functions« today. Unlike a sociological study of the kind recently conducted for the Unité d'habitation in Rezé near Nantes,[4] we are interested here in how highly significant architecture provides a potential of spatial experience that goes beyond changing needs and does not vary in relation to them. Even if the architectural solutions for this building seem trapped in their time for certain social and functional purposes, a number of general basic elements relating to perception, movement, atmosphere and spatial gesture are articulated architecturally – »architecturized«, as Le Corbusier puts it[5] – in a way that makes them able to stand as examples of »architectural sustainability« today.

So neither the building nor its function is in the foreground, but a complex act of experience that goes beyond purely visual formal perception and includes the physical senses, which also includes spatial self-perception, as communicated by physical pose and movement. Architecture is always experienced through the spatial extension of one's own self, going well beyond the limits of one's own body. This extended occupation of space is certainly initiated by seeing and hearing as long-distance perception, but complemented by the idea of being there. »In perceiving we reach out to things to a certain extent.«[6] This space of our presence is shaped at the same time by mood and atmosphere. Another particular feature of human perception and experience is the reflexive ability to distance oneself from oneself and to experience oneself in perception. A reflexive view of one's own situation includes the concrete scene in particular, and the spatial equipment of this situation. This means that by including designed, i. e. architectural space, which provides the stage for this appearance before oneself, as it were, it is possible to view the eccentric perception typical of human experience as scenic perception.[7]

1, 2. Ansicht von Norden.

1, 2. View from the norrth.

bietet sie sich, in Gestalt und Position vollständig wahrnehmbar, als ein Haus, um das man herumgehen kann, als Gegenstand des Interesses und der Affektion zur eigenen Identifikation an: Das ist unser Haus.

Bei der weiteren Annäherung läßt für die Zugangsrichtung von Norden her die vom Boulevard leicht abgewinkelte Stellung das Gebäude als schlanke, nackte Figur auftreten, die zugleich ihr Inneres für eine Weile vollkommen verbirgt. Die hermetische Nordfassade zeigt sich nur als strukturierte Oberfläche einer gewaltigen Betonskulptur, als habe das Gebäude sich mit einer Geste der Drehung abgewandt, um alles andere zu verbergen. Doch trotz der abweisenden Front präsentiert es sich als aufrechte plastische Gestalt von auffälliger Prägnanz.

Der »massive Anthropomorphismus«[9] der Unité d'habitation ist bereits mehrfach bemerkt worden. Das Bauwerk, so formuliert Vincent Scully, »... steht auf seinen muskulösen Beinen als ein Bild menschlicher Geradheit ... als ein stehender Körper, analog zu unserem eigenen«.[10] Charles Jencks hat in dem Gebäude die »anmutige Kraft dieses Schwergewichtsboxers auf den strammen Beinen« beobachtet.[11] In der Tat fällt die Unité d'habitation gegenüber vergleichbaren Bauwerken durch eine besonders menschenähnliche Physiognomie auf: Man sieht die Füße oder die kurzen, dicken Beine, den organischen Übergang zum Rumpf mit der Taille (den Einschnürungen auf der Serviceebene), den Kopf oder Hut, selbst die Haut wirkt durch die Struktur der Betonschalung – vor allem an den Pfeilern – in ihrer Sinnlichkeit lebendig.[12] Diese Figur tritt uns bei der Annäherung nicht nur als steinerne Masse,[13] sondern als ein Körper gegenüber, mit dem unser eigener Körper lebhaft konfrontiert wird, die Pilotis als Gliedmaßen mit unseren eigenen Gliedmaßen. Die faltige Haut macht unserem Tastsinn ein taktiles Angebot, auch wenn der haptische Kontakt über die Distanz des Sehens vermittelt bleibt.

Schon hier wird deutlich, wie die animalische Physiognomie des Baukörpers es schafft, seinen Inhalt, von dem man weiß, daß es sich um eine schier endlose Anzahl von typisierten, gereihten Wohneinheiten handelt, zu einer organischen Einheit zusammenzufassen und dem Ankömmling bereits bei der Annäherung als ein lebendiges Gegenüber, wie eine Persönlichkeit, zu begegnen.

Konfrontation und Porosität

Doch zugleich erscheint das Bauwerk für den Ankommenden auf Anhieb zwiespältig. Die Erschließung über den Boulevard Michelet liefert im wesentlichen zwei verschiedene Zugangsrichtungen, welche die Unité d'habitation geradezu als zwei unterschiedliche Gebäude erscheinen lassen. Die eine ist diejenige von Norden, durch die der beschriebene Charakter einer imponierenden Figur zustande kommt, die einem entgegentritt, dabei aber alles andere verbirgt. Ein Wechselspiel von Verbergen und Vorzeigen setzt ein, sobald der Blick eine der Längsseiten erreicht. In diesem Moment leuchtet schon die Farbigkeit aus den Loggien auf, und die räumliche Tiefe der Fassaden verändert den Ausdruck des gesamten Bauwerks.

Dieser andere Ausdruck beherrscht indessen das ganze Gebäude, wenn man sich die Straße entlang von Süden her nähert. An die Stelle der Imponiergeste jener aufrechten Figur auf der Stirnseite tritt eine eher gestreckt lagernde Figur, die sich durch die Schwenkung aus der straßenparallelen Flucht dem Ankommenden leicht zuwendet (S. 52/53). Über die offene Tiefe der vielen Loggien breitet sie in Andeutungen ihr Inneres aus. Im Gegensatz zur unveränderlichen Starrheit der Nordansicht, an der nur die skulpturale Fluchttreppe plastisch hervortritt, verändert sich hier das Bild für den Betrachter je nach Blickwinkel und Lichteinfall. Die Wohneinheiten treten in der vorwiegend betongrauen Frontalsicht eher durch die regelmäßige plastische Gliederung der Gefache in Erscheinung (S. 55), in der Schrägansicht dagegen vor allem durch die wechselnde Farbigkeit der Loggiainnenseiten. Mit dieser plastischen, tiefenhaltigen Fassade bietet die Unité d'habitation dem Außenstehenden bereits etwas von dem Raum dar, der im Inneren dem individuellen oder dem gemeinschaftlichen Leben dient. Die Wohnungen haben eigentlich keine Fenster im Sinne von Öffnungen in der Außenwand, sondern an die Stelle der Außenwände treten vollflächige Verglasungen. So öffnet sich – auch wegen der Röhrenform der Wohnungen – das ganze Haus für die Außenstehenden bis in seine innerste Tiefe, soweit die Reflexion der Glasscheiben es zuläßt, also vor allem, wenn die Lichter brennen. Man kann sich ausmalen, wie anfangs – im Unterschied zu den bis dahin bekannten Häusern mit Lochfassaden – dieses Gebäude, das mit seinen vielen kleinen Bühnenräumen tief von innen heraus leuchtete, bei Nacht eine magische Atmosphäre, *magique la nuit*, verströmt haben muß.

Die Geste des Sich-Öffnens, die das Eindringen so nahelegt, leitet nicht nur den Blick, sondern schafft den Außenstehenden die leibhafte Erfahrung, sich selbst bis zu einem gewissen Grad ins Innere des Hauses zu versetzen. Während der erlebte Raum der Außenstehenden bis ins Innere vorzudringen versucht, wird durch die Staffelung der rahmenden bzw. abschirmenden Elemente der Durchlaß teils geleitet, teils behindert, aufgehalten und gefiltert. Die Brüstungsgitter bilden mit ihrem Gardineneffekt einen ersten Filter mit der vom Tag zur Nacht sich umkehrenden Durchlaßrichtung. Auf die Raumschicht der Loggien als eigenständige plastisch-räumliche Einheit, die benutzt und bewohnt werden kann, folgt, abgesetzt durch den Raumschlitz hinter der eingelegten Platte, die bewegliche, reversible Glasfront. Dahinter läßt sich, wenn auf den hohen Wohnraum die Galerie folgt, schon die weitere Raumabstufung erahnen. So wird die Nahtstelle zwischen Außen und Innen als mehrfach gestufter Übergang im Wechsel von Öffnen und Versperren erlebt, ohne daß man sagen könnte, wo eigentlich die Grenze verläuft.

Durchfließen und Sich-Verfangen

Das Gebäude ist von einem Park umgeben. Auf der Fläche, die man durchquert, stehen Bäume, deren Stämme bis zur Verzweigung etwa die gleiche Höhe haben wie die Pilotis, mit denen das Gebäude aufgeständert ist. Mit ihren Ästen und Blättern bilden die Bäume ein Dach, das den Raum nach oben begrenzt, genauso wie das Dach, das die Gebäudemasse über der offenen Erdgeschoßzone bildet. Mit dem Dach schirmt der »Stützenwald« die Masse des Gebäudes nach oben ab. Der Blick wandert mit der Bewegung im Park umher, zwischen den Stützen und Stämmen und unter dem Volumen hindurch.

3. Lageplan.
4. Fassadenschnitt.

3. Site plan.
4. Façade section.

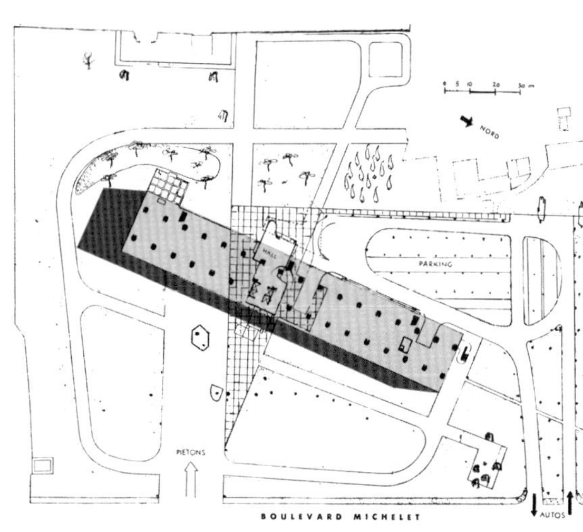

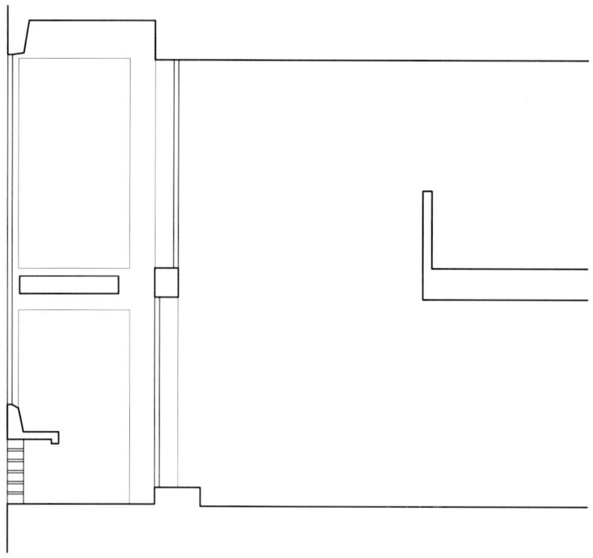

Posture and physiognomy

Many of the occupants of the Unité d'habitation in Marseilles are convinced »Corbusians« who like living here and identify themselves with the building personally, an attitude that is not primarily dependent on the building's significance in architectural history. But how does this relate to the fact that we are looking at precisely this building with its particular architecture and not any other building? Is the emotional attachment to the building that constantly echoes in the residents' statements a quality that they produce exclusively by the fact that they live there? Or are genuinely architectural qualities of the building involved as well?

One of the architectural qualities a building needs in order to involve its occupants emotionally is – in an extended sense – its emergence as a personality. This does not only mean that it is unmistakable and has character. Its personality also shows in a specific physiognomy,[8] i. e. its (inner) character can be expressed through its appearance, like other living creatures. This is how the building expresses itself. Many of Le Corbusier's buildings have this quality, including the Unité d'habitation in Marseilles.

The building stands, slightly slanted of the street line, and set back, in the Boulevard Michelet, the main traffic axis to the city centre. The fact that it »stands« there can be taken almost literally in its case, in contrast with any other building, »standing« expressing the performance of an act. If you approach along the Boulevard Michelet from the north, you see the building standing on its own feet and drawing itself up to its full height as you get closer. More than that, exposed and with a characteristic shape as a body in its own right, it seems to physically step towards people as they approach it and makes them respond to its activity. Because it is placed obliquely to the street, it detaches itself from the urban structure around it and distances itself from the adjacent development, just as though its had made room for itself by this highly individual swing off line, contrived to free itself and stuck to its attitude.

Unlike a large (high-rise) building placed directly on the street, which is then usually seen in terms of its ground floor, the free-standing structure appears as a whole, both in its height and the way it relates to its surroundings. We are aware of buildings separating from the urban development continuum themselves by their isolated position and individual orientation from the example of monuments. The Unité d'habitation draws attention to itself in a position that is similarly accentuated, by its independent, confident entrance into the scene as an autonomous structure. It offers itself to its residents, a complete presence in terms of form and position, as a building you can walk round, as an object of interest and affection, with a full sense of personal identification: this is our house.

As you come closer from the north the position at a slight angle to the boulevard makes the building seem to pose as a slender, naked figure, thereby hiding its inner life completely for a while. The hermetic north façade appears only as the structured surface of a massive concrete sculpture, as though the building had turned deliberately away to hide everything else. But despite the unwelcoming façade, it manifests itself as an upright sculptural form with a striking degree of presence.

The »tough anthropomorphism«[9] of the Unité d'habitation has already been pointed out on a number of occasions. The building as Vincent Scully puts it, »... stands upon its muscular legs as an image of human uprightness ... as a standing body analogous to our own«.[10] Charles Jencks found the »graceful power of this heavyweight boxer in the taut ›legs‹ of the building«.[11] In fact the Unité d'habitation stands out against comparable buildings because of its particularly human outward appearance: you see the feet, or the short, fat legs, the organic transition to the rump with waist (the slight narrowing at the service level), the head or hat, even the skin seems sensually alive through the structure of the concrete formwork – above all for the piers,[12] As we approach it, this figure does not just seem like a stone mass[13], but like a living body confronting our own, the pilotis limbs like our own limbs. The wrinkled skin is like a tactile offering to our sense of touch, even though this haptic element is conveyed via the distant sense of sight.

Even here it is clear how the building's animal physiognomy is able to summarize its content, which we know to be a well-nigh endless number of standardized, serial dwellings, and make it into an organic whole that meets its visitors as a living opposite counterpart as they approach, like a personality in its own right.

Confrontation and porosity

But at the same time, the building seems at odds with itself for the new arrival. If you arrive via the Boulevard Michelet there are essentially two different ways in, making the Unité d'habitation seem almost like two different buildings. One is from the north, cutting an impressive figure coming towards you, as described above, but concealing everything else. This triggers an interplay of concealing and displaying as soon as the eye lights on one of the long sides. At this moment the colour starts to glow out from the recessed balconies and the spatial depth of the façades changes the impression given by the building as a whole.

This different impression emanates from the whole building when you approach it along the road from the south. The imposing gesture made by the upright figure of the end of the building is replaced by something more like a figure positioned at full stretch, slightly turned towards the arrival as it is shifted off the street line (pp. 52/53). The open depth of the many recessed balconies offers hints of the interior. In contrast with the immutable rigidity of the north view, with only the sculptural emergency staircase protruding, here the image changes for viewers according to viewpoint and the incidence of light. The individual dwellings make their presence felt in the predominantly concrete-grey front view more through the regular sculptural organization of the compartments (p. 55), whereas in a diagonal view it is more through the changing colours of the balcony interiors. This sculptural façade, featuring depth, means that the Unité d'habitation already shows people outside something of the space available inside for individual or communal life. The dwellings do not actually have windows in the sense of openings in the outside wall, but the outside walls are replaced by allover glazing. This means that – also because of the tubular form of the dwellings, – the whole building opens up for people outside into its utmost

Noch bevor man beim Gebäude angekommen ist, wird man also von einem Raum aufgenommen, der – ähnlich einer hypostylen Halle – nahezu die ganze Grundfläche des Geländes einnimmt. Nicht zielgerichtet, sondern mit der Aufforderung zu einer schweifenden Bewegung bietet er nur eine unverbindliche Führung zum Haus. Da dieser offene Raum unter dem Gebäude hindurchfließt, läuft man hier also im Erdgeschoß, wo man normalerweise bei einem Haus den Eingang erwartet, zunächst ins Leere. Das eigentliche Ankommen und Eintreten werden auf diese Art hinausgezögert. Durch die muldenförmige Wölbung des Geländes, dem die Wölbung des Gebäudebauchs antwortet, erhält der Durchfluß unter dem Bauwerk (gleichsam strömungstechnisch) eine zusätzliche Dynamik. In der schweifenden und gleitenden Bewegung unter dem Gebäude, werden die Stützen und Stämme wie eine Reuse wirksam, in der sich der Ankömmling verfängt, bevor er im Foyer aufgenommen und nach oben geführt wird.

Folgerichtig bleibt der Zugang in der diffusen Fließ- und Streubewegung zunächst unentschieden. Der Foyerbau zeichnet sich zwar aus der Ferne schon ab, doch im allgemeinen Unterlaufen und Durchfließen signalisiert erst das segelartige Eingangsdach, das den Blick nach oben abfängt und in die Horizontale lenkt, den gleitenden Übertritt in die Eingangshalle. Mit seinen hochgeklappten Zipfeln winkt es von weitem, greift die Kurvenrichtung der Vorfahrt auf und führt zunächst auf das Gebäude zu, dann aber an ihm entlang. Selbst der Haupteingang drängt sich nicht auf. Führen die Formen von Bauchung, Kehle und Stützen eher herum oder hinein (S. 56, 57)? Die primär plastische Komposition vermittelt Bewegungsimpulse zwischen Zug und Stoß, deutet den Zugang an, aber schreibt ihn nicht vor. Das Gebäude bietet keinen festen Widerstand, es steht weder im noch am Weg. Auch der stark aufgegliederte, Foyerbau tritt nicht als klarer Baukörper auf, an dem sich Innen von Außen scheidet, sondern wirkt eher unentschieden als Eingangsfilter oder Sammelpunkt. Von hier aus wird man von unten ins Gebäude einsteigen.

Transparenz und Ambivalenz

Eine Richtungslosigkeit der Bewegung und Unentschiedenheit des Zugangs empfindet man auch noch beim Betreten des Foyerbaus. Von mehreren Seiten und auf unterschiedliche Art kommt man herein. Die Eingänge sind auf die verschiedenen Außenwände verteilt und differieren in Größe, Form und Bewegungsart. Selbst die durch symmetrische Stützenreihen aufgebaute Wegachse ist gebrochen. Lichtöffnungen und Eintrittsöffnungen, Glastüren und feste Verglasungen sind nur schwer zu unterscheiden. Zusammen mit der stark aufgegliederten Gestalt des Baukörpers, seiner unregelmäßigen Kontur mit Vor- und Rücksprüngen wird die Trennung zwischen Innen- und Außenraum verwischt. Bereits draußen war die Helligkeit unter dem Gebäude reduziert. Ursprünglich hatte sich sogar der Belag mit unregelmäßigen Natursteinplatten im Inneren fortgesetzt. Durch Transparenz, Verzahnung in der Kontur und Spiegelungen ist der mit den dicken Betonpfeilern durchsetzte Außenraum auch im Inneren der Betonskulptur auf vielfältige Weise präsent. Auch die gezielte Mischung des Tageslichts mit dem permanent eingeschalteten Scheinwerferlicht, das die Betonstützen von unten gelblich anstrahlt, trägt zu der Ambivalenz der Raumatmosphäre, ihrem Changieren zwischen Innenraum und Außenwelt bei (zumal bei Nacht draußen auch die Pilotis von unten mit gelblichem Licht angestrahlt werden).

So wird der Foyerbau als vermittelndes Element, als Zwischenzone oder Übergangsraum erlebt. Er gehört zwar nicht mehr zum Außenraum, auch wenn dieser hier noch sehr präsent ist. Diese delikate Betonskulptur gehört aber auch noch nicht ganz zum eigentlichen Bauwerk der Unité. Sie bildet ein eigenes plastisches Volumen, das frei unter die aufgeständerte Masse des Wohnblocks gestellt ist, weitgehend von diesem abgelöst. Man betritt nicht ein vom Außenraum deutlich geschiedenes Gebäudeinnere an einer klar erkennbaren Stelle. Eher wird man in eine vorgelagerte Ein- und Austrittsschleuse eingestrudelt.

5. Foyerbau.
6. Grundriß der Eingangshalle.
7. Vordach mit Foyerbau.
8. Baum- und Pfeilerhalle.

5. Foyer building.
6. Plan of the entrance hall.
7. Entrance roof and foyer building.
8. Hall of trees and piers.

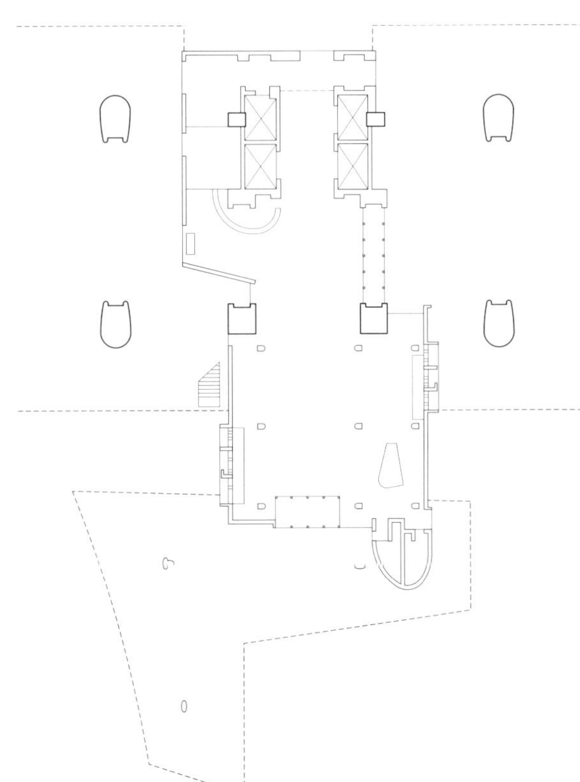

depths, to the extent that the reflections from the glass panes permit it, so above all when the lights are on. It is possible to imagine how initially – unlike the buildings with perforated façades that had been familiar till then – this one, glowing outwards from deep inside with its many little stages, must have exuded a magical atmosphere at night, *magique la nuit*.

The gesture of opening up, which is so close to penetration, does not just guide the eye, but gives those outside a real experience of being inside the building to a certain extent. While the space experienced by outsiders tries to penetrate into the interior, the staggering of the framing or screening elements partly encourages access, partly discourages it, stops it or filters it. The parapet grids with their net curtain effect form a first filter with the direction in which they let light through inverted from day to night. The spatial layer created by the recessed balconies as an independent sculptural and spatial unit can be used and lived in. It is followed by the movable, reversible glass façade, set back by the slit of space behind the inserted sheet. Behind this, when the gallery follows the high living room, it is possible to sense the further staggered space. Thus the interface between outside and inside is experienced as a multiply stepped transition, alternately opening up and blocking, without it being possible to say where the border actually runs.

Flowing through and getting caught

The building is surrounded by a park. Trees stand in the area you walk through. Their trunks, at the point where the branches start, are about the same height as the pilotis the building is raised on. The trees form a roof with their branches and leaves that provides an upper border for the space, just like the roof the bulk of the building forms above the open ground floor zone. With its roof, the »forest of piers« screens off the mass of the building above it. The eye wanders around the park with the movement, between the piers and trunks, and under the volume.

So even before you have arrived at the building you are absorbed into a space that – rather like a hypostyle hall – takes up almost all the ground area of the site. It offers no commitment in the way it leads you to the building: it does not indicate a definite direction, just challenges us to saunter through. As this open space flows right under the building, here on the ground floor, where you would normally expect to find the entrance to a building, you walk into a vacuum at first, so arriving and going in are actually delayed. The site is trough-like, and the building's bottom vaulting responds to this, and thus delivers an additional dynamic for flow under the building (in terms of fluid mechanics, as it were). Within all the sweeping, gliding movement under the building the piers and trunks work like a weir in which arrivals are caught and held before being admitted to the foyer and taken upstairs.

Logically, access remains undecided at first within the diffuse flowing and scattering movement. The foyer structure can in fact be made out from a distance, but in the general walking underneath and flowing through it is only the canopy-like roof over the entrance that catches the eye from above and directs it into the horizontal plane, the slip-step over into the entrance hall. It beckons from a distance with its turned-up corners, takes up the curve of the drive and leads first up to the building, but then along it. Even the main entrance does not force itself upon us. Do the bulges, grooves and piers lead us around rather than in (pp. 56, 57)? The primarily sculptural composition conveys movement impulses from push to pull, indicating the entrance but not insisting on it. The building does not offer any solid resistance, it is neither in the way, nor on it. Even the strongly subdivided little foyer structure does not appear as a clear section of the building separating inside and outside, but makes an undecided impression, as an entrance filter or collection point. This is where the building is entered from below.

Im Hinausgehen wird der Bewohner beim Durchqueren der Eingangshalle zu einem städtischen Passanten, beim Zurückkehren wird der Passant wieder zum Bewohner. Der Eingangsbau dient dieser Verwandlung. Seine Architektur unterstützt den Umschaltvorgang zwischen den beiden Befindlichkeiten. Der städtische Passant bewegt sich draußen nicht nur anders gekleidet als der Bewohner in Haus und Wohnung, sondern auch in einer anderen Geschwindigkeit und Körperhaltung, mit einer anderen Umsichtigkeit, Orientierungs- und Erwartungshaltung. Die beschriebenen Schleusen- und Filtrationseffekte der Foyerarchitektur modifizieren Bewegungstempo und -haltung. Das Eingangsdach reduziert andeutungsweise und überleitend die bis zum Himmel reichende vertikale Raumausdehnung draußen zur Horizontalen eines niedrigen Innenraums. Zusammen mit den plastisch aus der Fassade hervortretenden Volumen wird die im Außenraum ungehindert schweifende Bewegung abgefangen und vorsichtig ins Innere gelenkt. Nicht durch den abrupten Wechsel, sondern durch schrittweise Verzögerung wird das Straßenverhalten dem Wohnverhalten angenähert. Bis in die Details artikulieren die eingesetzten Mittel durch ihre Ambivalenz das Wechselspiel zwischen den beiden Zuständen.

So changieren die Sockel, Rahmen und Bänke etc. zwischen natürlicher Steinformation, Bauteil und Wohnmöbel. Die niedrigen Betonpodeste bieten sich an, um mitgebrachte Traglasten abzustellen, aber nicht unbedingt, um gemütlich Platz zu nehmen. Die Nützlichkeit eines Wohnmöbels deuten sie bestenfalls an. Auch Ausblicksrahmen, Ablagen und Nischen, Betontisch und Pförtnerloge sind mehrdeutige Elemente. Als skulpturale Formen verlangen sie keine Zweckbestimmung, doch zugleich bieten sie eine vage Bereitschaft zum Gebrauch an (S. 62, 63). Durch diese Angebote der sorgfältig durchplastizierten Foyerdetails – innen und außen – erhalten die Vorgänge von Ankommen und Aufbruch eine beiläufige Aufmerksamkeit. Diese Deutung bleibt nicht auf die Funktion als Wohnhaus fixiert, sondern hebt den Charakter des Raumes aus dem gewohnten Zweckzusammenhang heraus. Es könnte sich um etwas ganz anderes handeln. Die Poesie der autonomen Formensprache und die Lichtführung etwa mögen an eine kulturelle Einrichtung erinnern, die Großzügigkeit von Raumfluß und Bewegungsführung an die Empfangshalle eines Firmensitzes.

Verschiedene Mehrdeutigkeiten treffen zusammen. Neben dem Tageslicht, das von verschiedenen Seiten kommt – teilweise durch irritierende Reflexionen im Glas der Eingangstüren gebrochen –, fällt farbiges Licht durch die beiden Betongitter mit den kleinen Buntglasfeldern. Damit wiederum vermischt sich das auf befremdliche Art von unten kommende gelbe Kunstlicht der Fußbodenleuchten, welche die Betonstützen anstrahlen. Das resultierende Mischlicht verleiht dem ganzen Raum eine diffuse Zwielichtstimmung. Hinzu kommt, daß die Fußbodenleuchten unmittelbar bei den Stützen unter transluzenten Glasscheiben verborgen sind, so daß den Betonstützen eine stabile Standfläche zu fehlen scheint. Als Ergebnis bleibt die Raumatmosphäre dieses Foyers in einem Schwebezustand.

Von größerer Festigkeit erscheint erst der klar geformte Raumabschnitt unmittelbar vor den Aufzügen, ein kompaktes kubisches Volumen, das auf das große, quadratische Fenster ausgerichtet ist und damit schon vom Eingang her in ein Bild gefaßt wird. Es entsteht ein Bewegungssog in diese Richtung, den auch die gekurvte Kante der Pförtnerloge unterstützt. Dort befindet man sich bereits in der vertikalen Raumbahn, die schließlich, zur Aufwärtsbewegung gebündelt, zusammen mit den Aufzügen durch alle Geschosse reicht.

9. Foyer mit *conciergerie*.
10. Seiteneingang.
11. Buntglaswand.
12. Haupteingang.

9. Foyer with *conciergerie*.
10. Side entrance.
11. Wall with coloured glas panels.
12. Main entrance.

Transparency and ambivalence

There is also a sense of undirected movement and indecision about access on entering the foyer building. It can be entered from several sides and in different ways. The entrances are distributed over the various outside walls and differ in size, shape and type of movement. Even the pathway axis established by the symmetrical rows of columns is broken. Openings for light and access, glass doors and fixed glazing can be distinguished only with difficulty. Along with the rather dissected figure of the building and its irregular outline with protrusions and recesses the division between interior and exterior space is blurred. The brightness of the light underneath the building had already been reduced outside. Originally even the paving using irregular natural stone slabs had been continued inside. The outside space, interspersed with the thick piers, is also present in the interior of the concrete sculpture in a number of ways, through transparency, interlocking with the outline and reflections. The deliberate mixture of daylight with the spotlights, which are permanently on, bathing the piers in yellowish light from below, also contributes to the ambivalence of the spatial atmosphere, its oscillation between the interior and the outside world (especially as outside the pilotis are illuminated at night with yellowish light as well).

Thus the foyer is experienced as a mediating element, as an intermediate zone or transitional space. It is no longer part of the exterior space, even though this is still very much present here. But this delicate concrete sculpture is also not yet entirely a part of the actual Unité building. It represents a three-dimensional volume in its own right, free-standing under the raised mass of the residential block, and largely detached from it. You do not walk into an interior that is clearly separated from the outside space at a clearly recognizable point. It is much more that people are swirled through an external exit and entrance lock.

On their way out, residents become urban passers-by as they cross the entrance hall, and when they come back, passers-by become residents again. The entrance building brings this transformation about. Its architecture supports the switching process between the two states. Outside, the urban passers-by are not only differently dressed as they move around from residents in the block and the flats, they also adopt a different pace and physical attitude, a different circumspection, and attitude of orientation and expectation. The above-mentioned lock and filtration effects of the foyer architecture modify the tempo and thrust of movement. By suggestion and as a transition, the entrance roof reduces the vertical spatial rise outside to the horizontal line of a low interior. With the volumes emerging sculpturally from the façade, the unhindered roaming movement is checked and carefully directed into the interior. Street behaviour starts to approximate to residential behaviour not through an abrupt change, but by gradual delay. The devices used to this end articulate, by their ambivalence, the interplay between the two conditions down to the last detail.

So the plinths, frames and benches etc. oscillate between natural stone formation, structural component and domestic furniture. The low concrete pedestals seem ideal for depositing things you have been carrying on, but not necessarily like comfortable seats. They at best suggest the useful qualities of domestic furniture. The frames for looking out through, shelves and niches, concrete table and *conciergerie* are also ambiguous elements. As sculptural forms they do not need any defined function, but at the same time they offer a vague readiness to be used (pp. 62, 63). The potential offered by these careful, thoughtfully conceived foyer details – inside and out – pays passing attention to the arrival and departure processes. This interpretation is not fixated on the residential function, but lifts the character of the space out of the usual functional context. It could be something completely different. The poetry of autonomous formal language and the treatment of light, for example, may be reminiscent of a cultural facility, or the generosity of the spatial flow and movement control may suggest the reception hall of a company headquarters.

Various ambiguities coincide. As well as the daylight coming in from different sides – refracted to some extent by disturbing reflections in the entrance door glass – coloured light comes in through the two concrete grids with small coloured glass panels. This is mixed in its turn with the yellow artificial light coming disturbingly from below from the floor lamps illuminating the concrete piers. The resultant mixed light gives the whole space a diffuse twilight mood. And then the floor lamps are concealed directly by the piers under translucent glass panes, which means that the concrete piers seem to lack a stable supporting surface. The result is that the atmosphere in this foyer space remains in a state of suspense.

Only the clearly shaped part of the space immediately in front of the lifts seems somewhat fixed and solid, a compact cubic volume directed at the large square window and thus framed as a single picture yet when seen from the entrance. Movement starts to be sucked in this direction, this is also supported by the curved edge of the *conciergerie*. There we are already within the vertical run of space that finally, focused into upward movement, extends throughout all the floors, along with the lifts.

Walking in the little town

The areas oriented towards the outside world, the entrance zone, the roof terrace and the living accommodation contrast with the internal, closed off world of the streets. This world is made up of the residential streets, the *rues intérieures*, on levels 2, 5, 10, 13 and 16, and the public streets with the *promenade publique* for hotel, restaurant and shop and services premises on levels 7 and 8. Both are screened off to the outside, but offer quite different experiences in terms of movement and spatial atmosphere.

Shopping zones and communal facilities in high-rise residential buildings are usually placed on the ground floor. You pass them as you go out or come in. The public streets in the Unité d'habitation are quite different: if people come into this building they have no sense of the presence of the shopping street and the *promenade publique*. Here you do not pass them on the way to your apartment, you do not see them – at best they are symbolically intelligible from the outside in the lamellar structure of the façade. You have to know about them, but with this knowledge they are, concealed inside the building, always sensed as a presence. Instead of simply going past them you have to break your journey home and make a deliberate stop. Even people moving around in them find the shopping streets closed and introverted. With the exception of the restaurant, all the

Promenieren in der kleinen Stadt

Den Gegensatz zu den außenorientierten Bereichen, der Eingangszone, der Dachterrasse, und den Wohnräumen, bildet die innere, abgeschlossene Welt der Straßen. Das sind die inneren Wohnstraßen, die *rues intérieures*, auf Ebene 2, 5, 10, 13 und 16, und die öffentlichen Straßen mit der *promenade publique* für Hotel, Restaurant, Lokale für Läden und Dienstleistungen auf Ebene 7 und 8. Beide sind nach außen abgeschirmt, aber in der Bewegung und der Raumstimmung erlebt man sie ganz unterschiedlich.

Ladenzonen und Gemeinschaftseinrichtungen in Wohnhochhäusern befinden sich meist im Erdgeschoß. Man kommt beim Weggehen oder Heimkommen daran vorbei. Ganz anders die öffentlichen Straßen in der Unité d'habitation: Wenn jemand hier das Gebäude betritt, bleibt ihm das Vorhandensein der Ladenstraße und der *promenade publique* verborgen. Man kommt hier auf dem Weg zur Wohnung nicht daran vorbei, man sieht sie nicht – allenfalls sind sie zeichenhaft an der Lamellenstruktur der Fassade von außen ablesbar. Man muß von ihnen wissen, aber mit diesem Wissen werden sie, im Inneren des Gebäudes verborgen, stets erahnt. Statt sowieso vorbeizukommen, muß man den Weg zur Wohnung unterbrechen und gezielt haltmachen. Auch wer sich in ihnen bewegt, erlebt die Ladenstraßen abgeschlossen und introvertiert. Mit Ausnahme des Restaurants sind die Geschäfte zur inneren Straße hin orientiert. Auch auf dem Abschnitt der Promenade sind die *pans de verre*, Kompositionen aus Glas und geschlossenen Flächen, überlagert von der dichten Reihe der Betonlamellen, nicht für den Ausblick gemacht.

Das Zusammenspiel von individueller Wohnung und kollektiven Serviceeinrichtungen im Hause ist heute von der ursprünglichen Konzeption weit entfernt. Durch das konkurrierende Versorgungsangebot in der unmittelbaren Umgebung haben Handel und Dienstleistungen der internen Servicezone die ökonomische Basis verloren. Doch während die Bewohner sich eher in den umliegenden Einkaufszentren als in dem verbliebenen Minisupermarkt oder dem kleinen Bäckerladen versorgen, bietet die Architektur in diesen Straßen, fast wie in einem öffentlichen Straßenraum draußen in der Stadt, eine Vielfalt an Bewegungsformen und Aufenthaltsorten an. Sie steht damit im Gegensatz zu dem einförmigen Raumcharakter der Wohnstraßen. Während dort das Dunkel herrscht, ist die Atmosphäre der *promenade publique* von hellem Tageslicht und der deutlichen Präsenz klarer Formen geprägt. Anfang und Ende sind in Rot und Grün als leuchtende Farbflächen gefaßt (S. 70, 71). Gegenüber der Innenstraße weitet sich hier der Raum auf die doppelte Geschoßhöhe. An dieser Stelle zeigt sich einmal offen die Struktur des Tragwerks in Form des Betonskeletts (das Corbusiersche Flaschenregal). Hier im öffentlichen Raum des Wohngebäudes wird dessen Struktur rational durchschaubar und liefert einen Schlüssel für die Lesbarkeit des ganzen Bauwerks.

Wie auf den Straßen und Plätzen der Stadt bewegen sich die wenigen Passanten hier entsprechend dem Charakter des jeweiligen Straßenabschnitts: Dem hohen, hellen Raum der Promenade entspricht das Promenieren im gleichmäßigen Takt der Stützen; die Folge der Läden veranlaßt zu wiederholten Stops; mehrere Richtungswechsel verlangen ein Innehalten; ein kleiner Sitzplatz ist aus dem Verkehrsfluß herausgenommen, die Sitzbank mit Ausblick leicht abgewendet. Die Starrheit einer geraden Bahn wird vermieden, da durch die in den Bewegungsfluß der Promenade eingefügte Treppe der Weg als Schlaufe über zwei Ebenen geführt wird, die Treppensteigung verlangsamt die Bewegung, von der oberen Ebene geht der Blick wie von einer Terrasse aus zurück zur Promenade. Schließlich bilden die Sitzbänke, Lampen und Holzrahmen der *promenade publique* das assoziative Gegenstück zu Parkbänken, Straßenlaternen und Ladenfassaden in einer Stadtstraße: eine eingeschlossene, nach innen gestülpte, kleine Stadtwelt.

Dämpfung und Dunkel

Für sich betrachtet, könnten die inneren Wohnstraßen, die *rues intérieures*, einfach als niedrige, monotone Erschließungsgänge ohne Tageslicht erscheinen.[14] Sie müssen aber in ihrer Wechselwirkung mit den verschiedenen Raumcharakteren des ganzen Hauses betrachtet werden. Erst in der Erlebnisabfolge von Außenraum und Eingangshalle über die Fahrt im Lift immer weiter bis ins Innerste des Hauses bekommt die zunehmende Dunkelheit ihren Sinn, sensibilisierend für die Feinheiten der Farbstimmung, vor allem aber als Vorstufe und Kontrast zur schließlichen Öffnung der Wohnungen über ihre zur Landschaft hin offenen Fronten.

Dunkelheit und Farbe sind die beiden Eigenschaften, die den ersten Eindruck in den Innenstraßen bestimmen. Es ist dort so dunkel, daß man, vom taghellen Aufzugsvorraum kommend, die Augen zuerst langsam daran gewöhnen muß. Dann erst fangen die Farben an zu leuchten. Die Wohnungstüren sind, mit gedämpftem Lampenlicht angestrahlt, abwechselnd rot, gelb, blau oder grün gestrichen.[15] »Eine außergewöhnliche und mysteriöse Farbensymphonie« sah Le Corbusier in dieser extremen Raumwirkung.[16] In der Tat wird die Materialität des Farbanstrichs, der im Tageslicht leicht grob und aufdringlich wirkt, durch das in den dunklen Raum reflektierte farbige Licht zur Qualität reiner Lichtfarbe aufgelöst. Diese Tendenz zur Entmaterialisierung prägt die ganze Atmosphäre der *rue intérieure* (S. 64/65). Durch die Zumutung, in diese meist lautlose, schwachbunte Finsternis einzutauchen, deren Stille und Dunkelheit noch zunehmen, je weiter man dem Gang in die Tiefe folgt, wird tatsächlich eine Zuspitzung der Befindlichkeit erreicht, die den extremen Gegenpol zu Offenheit und lichter Weite bildet. Auch wer Le Corbusier nicht folgen will, der die Innenstraße als »geheimnisvoll – eine außerordentliche Schöpfung« – preist,[17] wird etwas von der Irritation spüren, die hier durch verschiedene architektonische Mittel hervorgerufen wird.

Die Bewegung entlang der Straße wird rhythmisiert durch die unterschiedlichen Abstände zwischen den Türen, mehr noch durch die unterschiedliche räumliche Wirkung der Farben. Aufgrund der physiologischen Sehbedingungen scheinen die roten Türflächen dem Betrachter entgegenzukommen, die blauen und grünen dagegen treten zurück. Es entsteht der Eindruck, als würde sich der Raum im Wechsel mit den Türfarben seitlich aufweiten und verengen. Für die Bewegung auf der Innenstraße kann das zu einem Gefühl leichten Schlingerns führen. Im Dunkeln verschwimmt die Lage der Farbflächen, sie lösen sich scheinbar aus dem baulichen Halt. Die monotone Reihung einheitlicher Türen und Lieferkästen suggeriert die Endlosigkeit des Ganges über sein nicht greifbares Ende hinaus. Zusammen mit der starken Reflexion des dunklen Steinzeugfußbodens

13, 14. *Promenade publique* mit Sitzplatz.
15, 16. Treppe und *promenade publique*.

13, 14. *Promenade publique* with seat.
15, 16. Stairs and *promenade publique*.

premises face the inner street. And even in the promenade section the *pans de verre*, compositions of glass and closed areas, are overlaid with the thick series of concrete lamellae, and not intended for looking out.

The interplay of individual dwelling and collective service facilities in the building is now a long way from the original conception. Competing sources of supply in the immediate vicinity mean that the trade and service outlets in the internal service zone are no longer economically viable. But while the residents would rather buy their supplies in the surrounding shopping centres than in the surviving mini-supermarket or the little baker's shop, the architecture in these streets, almost like the public streets outside in the city, offers a variety of ways of moving around and places to stay. It is thus in contrast with the uniform spatial character of the residential streets. While in the latter dark prevails, the atmosphere in the *promenade publique* is created by bright daylight and the clear presence of lucid forms. The beginning and the end are framed as glowing areas of colour in red and green (pp. 70, 71). In contrast with the internal street, this space opens up to rise through two floors. Here for once the load-bearing structure is openly revealed in the form of the concrete skeleton (Le Corbusier's bottle-rack). Here, in this public space of the apartment block the structure can be apprehended rationally, and provides a key to the intelligibility of the building as a whole.

As in the city streets and squares, the few passers-by here move according to the character of the section of street they are in: the high, light promenade space corresponds with the promenade along the pillar's even rhythm; the sequence of shops invites frequent stops; several changes of direction require a pause; a small seat is set aside from the traffic flow, the bench with an outside view turned slightly away. The rigidity of a straight path is avoided, as the stairs fitted into the promenade's flow of movement is looped through two planes; climbing the steps slows the movement down, the eye is taken from the upper level back to the promenade, as if from a terrace. Finally, the benches, lamps and wooden frames in the *promenade publique* provide an associative counterpart to park benches, street lamps and shop façades in an urban street: a little, urban world turned inside out.

Dimming and darkness

Taken by themselves, the interior residential streets, the *rues intérieures*, can seem like low, monotonous access corridors without daylight.[14] But they have to be considered in their interplay with the various spatial characters of the building as a whole. It is only in the experiential sequence of outdoor space and entrance hall via the trip in the lift and on into the very heart of the building that the increasing darkness starts to make sense, sensitizing one to the subtleties of the colour moods, but above all as a preliminary step towards and contrast with the final opening up of the apartments via their façades, which are open to the countryside.

Darkness and colour are the two qualities that determine the first impression of the internal streets. It is so dark in there that your eyes have to accommodate to it gradually when coming from the daylight in the space outside the lift. It is only then that the colours start to glow. The apartment doors, softly spot lit, are painted red, yellow, blue or green alternately.[15] Le Corbusier saw this extreme effect within the space as »an extraordinary and mysterious colour symphony«.[16] In fact the material quality of the paint, which seems slightly coarse and unduly insistent in daylight, dissolves to look like pure coloured light when reflected into the dark space. This tendency towards dematerialization marks the whole atmosphere of the *rue intérieure* (pp. 64/65). Being forced to plunge into this usually silent, wanly colourful darkness, which becomes more silent and darker the further you walk down the corridor, actually promotes an enhanced state of mind that is the extreme opposite pole to openness and bright expanse. Even people who cannot go as far as Le Corbusier, who praises the interior

werden Raumdimension und -begrenzung verunklärt und ein stabiler Raumeindruck aufgehoben zugunsten einer nahezu reinen, schwebenden Farbstimmung.

Die mit Waschbetonplatten, ähnlich wie die Außenfassade, verkleideten Wandoberflächen erwecken eine Assoziation von Außenraum (Straße). In ihrer grob-harten Haptik stehen sie im Gegensatz zur relativ substanzlos-indifferenten Taktilität der Türen als reinen Lichtflächen. Deren farbig reflektiertes Licht grenzt einen kleinen, individuellen Farbraum vor der Wohnungstür ab. Der Charakter der *rue intérieure* changiert zwischen öffentlich und privat. Es ist zwar eine Art Straße, aber auch keine »richtige« Straße. Die Kinder könnten draußen spielen, ohne Gefährdung durch Straßenverkehr. Aber das ist nicht vorgesehen, der lange Raum wirkt als Resonanzkörper für ihren Lärm. Anders als in den üblichen Erschließungssystemen von Wohnanlagen entsteht durch die Vielzahl der an der Straße liegenden Eingänge in Wechselwirkung mit der Intimität der Atmosphäre ein diffuser Mischzustand, der sich auch in der unkontrollierten Vermischung von privaten und öffentlichen Verhaltens- und Kommunikationsformen äußert.[18]

So ist die Innenstraße nicht der Ort des Gemeinschaftslebens, in den man sofort eintaucht, wenn man den intim geschützten Bereich des Familienlebens verläßt, sondern eine eigene, eigentümliche Zwischenzone, die ein weiteres Mal die Umstellung oder gar die Besinnung auf den folgenden Wechsel zu einer ganz anderen Räumlichkeit artikuliert. Hat sich hier beim Architekten das Vorbild des Kreuzgangs oder des stillen Korridors mit den Zellen im Kloster durchgesetzt, eines Ortes, der im kontemplativen Abschreiten selbst Sinn erhält? Die Ausdünstungen aus den Wohnungen breiten sich in den Wohnstraßen aus, es ist wärmer als im Treppenhaus, und es ist sehr still. Der Fußbodenaufbau dämpft die Schritte, nur das permanente Rumpeln der Aufzüge macht Mitteilung vom ständigen Kommen und Gehen im Haus. Wenn sich die Bewohner hier laut unterhalten, wirkt es wie eine Störung. Die Raumhöhe ist mit kaum mehr als 2,20 m so niedrig, daß man fast an die Decke fassen kann. Stille, Wärme, Dichte, Intimität: Von hier aus wird der Kontrast zum Extrem gesteigert, wenn man aus der dämmerigen Entrücktheit in die Gegenwärtigkeit und Tageshelle der Wohnung tritt und sich aus dem abgeschlossenen, niedrigen und dumpfen Inneren wieder zur Außenwelt wendet.

Flasche und Regal

Der Eintritt in die Wohnung gleicht einem Knalleffekt.[19] So frappierend erscheint der Gegensatz zwischen dem stillen Verdämmern in der *rue intérieure* und der fanfarenhaft hellen Weitung der Wohnung durch die Öffnung der Fassade bis in die ferne Landschaft. Doch während sich die Appartements zum Außenraum weit öffnen, schotten sie sich zugleich gegen die Nachbarwohnungen und Erschließungsräume des Hauses ab. Hausgemeinschaft und privates Wohnen werden an dieser Stelle streng voneinander geschieden: Zwischen die dunkle Wohnstraße und das helle Appartement ist eine kleine Garderobe geschaltet. Sie versperrt mit ihren beiden aufeinanderfolgenden Türen zunächst den Blick in die Wohnung und bildet, wenn beide geschlossen sind, einen wirksamen Schallschutz gegen die Wohnstraße. Sobald man die Wohnung betreten hat, befindet man sich in einer zum Haus hin abgeschlossenen Kapsel, schallisoliert, blickisoliert, ohne jede Wahrnehmung der Nachbarn, nach außen dagegen ganz offen.

Bezieht man Le Corbusiers Metapher von den Flaschen in ihrem Regal auf die konkrete Architektur der Unité d'habitation, dann illustriert dieses Bild nicht nur das konstruktive System des Bauwerks, sondern trifft durchaus reale Erfahrungen des Wohnens in diesem

17. Obere Ebene einer Wohnung.
18. Untere Ebene einer Wohnung.

17. Upper level of an apartment.
18. Lower level of an apartment.

street as »mysterious – an extraordinary crea- tion«[17] – will sense something of the uncertainty that is called into being caused by different architectural devices here.

Movement along the street acquires its rhythm from the different distances between the doors, but even more from the different spatial effects made by the colours. The physiological viewing conditions make the red door surfaces seem to come towards viewers, whereas the blue and green ones shift back. This creates the impression that the space is widening and narrowing at the sides as the colours of the doors change. This can lead to a slight sense of lurching when moving along the internal street. The position of the coloured surfaces blurs in the dark, they seem, to detach themselves from their fixed position in the building. The monotonous series of uniform doors and delivery boxes suggests that the corridor continues to infinity beyond its imperceptible grey end. This and the strong reflection from the dark stoneware floor make spatial dimensions and demarcations unclear, cancelling out a stable spatial impression in favour of an almost pure floating colour mood.

The wall surfaces, clad in washed concrete like the exterior façade, create a sense of outdoor space (street). Their coarse, hard tactile quality contrasts with the relatively insubstantial and indifferent tactility of the doors as surfaces of pure light; the coloured light reflected from them demarcates a small individual area of colour outside the front door. The character of the *rue intérieure* oscillates between public and private. It is a kind of street, but it is not a »proper« street. Children could play outside without being in danger from traffic. But that is not the intention, the long space acts as a resonance chamber for their noise. Unlike normal apartment access systems, the large number of entrances on the street interacts with the intimacy of the atmosphere to produce a diffuse hybrid condition that is also expressed in the uncontrolled mixture of private and public behaviour and communication forms.[18]

So the internal street is not the location for communal life that is immediately plunged into on leaving the privately protected realm of family life, but a strange intermediate area in its own right, once more articulating switching to or even contemplating the subsequent change to a quite different spatial quality. Was the architect adopting the model of the cloister or the silent corridor with cells in the monastery, a place in which contemplative pacing becomes meaningful in its own right? The individual exhalations of the dwellings affect the atmosphere of the streets, it is warmer than on the staircase and it is very quiet. The floor structure muffles footsteps, and it is only the permanent rumbling of the lifts that conveys the constant comings and goings in the building. If residents hold loud conversations here it seems like a disturbance. The space is so low, scarcely more than 2.20 m, that you can almost touch the ceiling. Silence, warmth, closeness, intimacy: from here the contrast is heightened to the full when you step out of twilit abstraction into the presence and daylight brightness of the apartments, turning from the closed, low, muffled interior back to the outside world.

Bottle and Rack

Walking into an apartment is an explosive experience,[19] so striking is the contrast between the silent dimness of the *rue intérieure* and the fanfare of the dazzling breadth of the apartment as the façade opens up to the distant landscape. But while the apartments open right up to the outside space, they are at the same time sealed off from the neighbouring dwellings and the building's access areas. The community in the building and private living are kept strictly apart at this point: a small cloakroom is fitted in between the dark residential street and the light apartment. Its two doors following one after the other block off the view into the apartment at first, and when they are both closed they offer effective soundproofing against the residential street. As soon as you have come into the apartment you are in a capsule that is shut off from the building, soundproof, not overlooked, without any sense of the neighbours, but completely open to the outside world.

If we relate Le Corbusier's metaphor of bottles in a rack to the concrete architecture of the Unité d'habitation, this image does not just illustrate the building's structural system, but conveys entirely real impressions of living in this building: the interplay between closed, sealed containers and their relationship with the framework, which provides organization and order. The load-bearing frame forms a hard, coarse structure. It is visible from the outside, or when it is revealed as the supporting skeleton in the shopping street and running through the access route system. The frame contrasts with the more refined execution for the hermetic dwellings inserted into it, an approach reminiscent of the way glass (bottles) is handled when its fragility requires protection by padding, or of containers made of some temporary material. The distinction between an unambiguously private sphere and public areas is also clearly articulated by the way movement runs in the building. In the rack, i. e. in the internal streets, you move horizontally (or vertically in the lift), and oriented inwards. In the bottles, i. e. in the apartments, movement runs crosswise to this, and is directed outside, into the light.

Once in the seclusion of privacy, the two most usual apartment types push the sense of seclusion to an even higher plane: in the *supérieur* apartment type you come in at the bottom and can now continue working your way upwards, climb up into privacy. In the *inférieur* type you come into the apartment at the top and then move down into privacy, to live »downstairs«, which might make you think of cellars or caves. It almost seems here as though you're dodging out of someone's way to stop them following you. You live »up« in a high-rise building, but you still have to go »down« to be fully inside. Once they are inside, the occupants are entirely on their own. Like the bottle lying in the rack, it is not possible to move away to the side, or make contact at the side – that is where the other people are.

Does the fact that the apartments are so rigorously sealed off have to give the impression of living in a cave?[20] Or does the real experience of being able to live in these dwellings completely sealed off (packed in a container) but aware that there is a community living in the building,[21] come close to Le Corbusier's idealized notion of life in a cabin on a luxury liner or in a cell of a monastic community? Here however a closed space is not intended to be a personal sphere for an individual, but just a »private space« for the nuclear family as a whole. Despite being hermetically sealed from the neighbours, within the open structure of the residential units the individual rooms are scarcely screened off from each other in terms of sound and smells, and sometimes not even in terms of visual privacy.

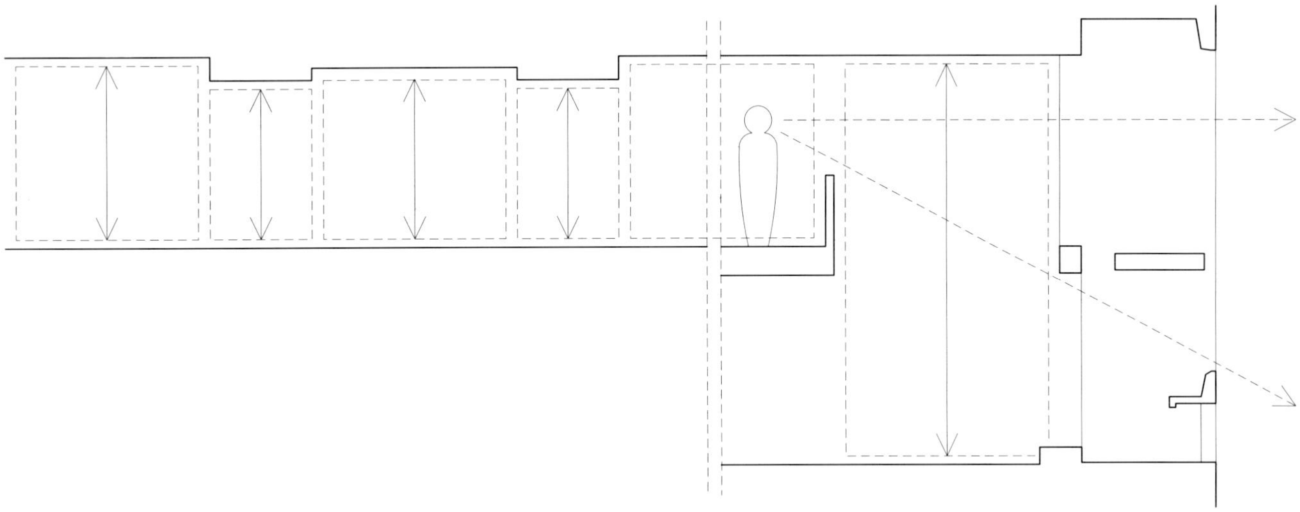

Haus: die Wechselwirkung zwischen geschlossenen und versiegelten Behältern und ihrer Beziehung zum organisatorisch ordnenden Gerüst. Das Traggerüst bildet eine harte, grobe Struktur. Sichtbar wird sie von außen oder am freigelegten Tragskelett in der Ladenstraße und beim Durchlaufen im System der Erschließungsbahnen. Das Gerüst kontrastiert mit der feineren Ausführung der eingesetzten hermetischen Wohnungen, die an die Behandlung von Glas (Flaschen) erinnert, das man wegen seiner Empfindlichkeit abpolstert, oder an Behälter aus einem temporären Material. Der Unterschied von eindeutiger Privatsphäre und hausöffentlichen Bereichen wird auch durch die Bewegungsabläufe im Gebäude deutlich artikuliert. Im Regal, d. h. auf den inneren Straßen, bewegt man sich in Längsrichtung (oder im Aufzug vertikal) und nach innen orientiert. In der Flasche, d. h. in der Wohnung, verläuft die Bewegung quer dazu und nach außen ins Helle gerichtet.

Angekommen in der Klausur des Privaten, bieten die beiden gängigsten Wohnungstypen noch eine Steigerung der Abgeschiedenheit an: In der Wohnung vom Typ *supérieur* ist man unten eingetreten und kann sich nun weiter hinaufarbeiten, sich nach oben ins Intime versteigen. Beim Typ *inférieur* betritt man die Wohnung oben und läßt sich dann zum Privaten hinab, um »unten« zu wohnen, womit man Keller oder Höhle assoziieren mag. Es scheint hier, als ob man geradezu Winkelzüge schlagen müßte, damit einem auch ja niemand folgt. Man wohnt »oben« in einem Hochhaus, aber muß trotzdem hinuntersteigen, um ganz hineinzukommen. Dort angekommen, sind die Bewohner ganz bei sich. Wie bei der im Regal liegenden Flasche werden das seitliche Ausweichen, der seitliche Kontakt behindert – dort sind die anderen.

Muß die rigorose Abschottung der Wohnungen den Eindruck eines Lebens im Käfig hervorrufen?[20] Oder kommt die reale Erfahrung, in diesen Wohnungen wirklich ganz abgekapselt (in Behälter abgefüllt), aber im Bewußtsein einer zugleich vorhandenen Hausgemeinschaft leben zu können,[21] Le Corbusiers idealisierter Vorstellung vom Leben in einer Schiffskabine auf dem Luxusdampfer oder in der Zelle einer Klostergemeinschaft nahe? Ein abgeschlossener Raum ist hier allerdings nicht für die persönliche Sphäre der Einzelperson vorgesehen, sondern nur als »privater Raum« für die Gesamtheit der Kernfamilie. Bei aller Hermetik gegenüber den Nachbarn sind im offenen Raumgefüge innerhalb der Wohneinheit die einzelnen Räume untereinander kaum gegen Schall und Geruch, teilweise nicht einmal gegen Sicht abzuschirmen.

Während das Service-Wohnhaus als Modell bis heute interessant blieb, ist deshalb das ursprüngliche Wohnkonzept der Unité inzwischen überholt. Le Corbusier hatte die Wohnungen auf ein Familienmodell der Nachkriegszeit zugeschnitten, bei dem die Mutter als Hausfrau im Zentrum dieses abgeschotteten Heims sich der Hausarbeit und der Kindererziehung widmet. Vom Cockpit der Laborküche überschaut sie den Wohnraum mit den spielenden Kindern und hat aufgrund der offenen Raumübergänge auch die anderen Räume der Wohnung unter Kontrolle. Doch den heutigen Wohnbedürfnissen von Personen mit individuell unterschiedlichen Lebensgewohnheiten und Bedürfnissen entsprechen die Grundrisse nicht oder nur, wenn die Belegung deutlich unter den ursprünglichen Ziffern bleibt.[22] Die vierköpfige Familie würde in der »Flasche« der Standardwohnung zur Zwangsgemeinschaft mit beschränktem Individualleben. So sind es heute nicht mehr die Mitglieder einer »Normalfamilie«, die von der geschützten Privatheit profitieren, wie in den 1950er Jahren, sondern Singles und Paare, die inzwischen die Appartements bewohnen.

Wohnen gegen die Landschaft

Wer die Wohnung betritt, ist nach dem Passieren der kleinen Garderobe unmittelbar dem beherrschenden Eindruck der großen Fenster ausgesetzt, oder besser der völligen Öffnung des Raumes nach außen, ohne Außenwand oder geschlossene Brüstung. Kaum ist man in der Wohnung drin, hat man den Außenraum schon wieder vor sich. Die röhrenförmige Raumgestalt der Wohnung, rundum abgeschirmt, nach oben, unten und den Seiten und mit geringem seitlichem Bewegungsspielraum, wird an beiden Enden jeweils beherrscht von der einen Öffnung nach außen. Anstelle von unterschiedlichen Fenstern in verschiedene Richtungen bildet sie den alleinigen Rahmen – unterstützt durch die bildrahmende Aufkantung der Betonelemente – für die ganze Außenwelt, die ausschließlich durch diesen einen begrenzenden Ausschnitt wahrgenommen wird, einmal nach Osten, einmal nach Westen.[23]

Da der Vordergrund ausgeblendet ist, scheint die Wohnung dem Ort entrückt, an dem das Haus den städtischen Alltag tangiert. Die mit 1,15 m relativ hohe Brüstung schirmt den Blick nach unten trotz der Durchlässigkeit ihres Betongitters stark ab. Die Außenwelt wird eher über die Fernbezüge, das Meer und die Berge,

19. Längsschnitt durch die Wohnung.
20, 21. Wohnraum und Loggia.

19. Longitudinal section of the apartment.
20, 21. Living room and recessed balcony.

While the service apartment block is still interesting as a model today, the Unité's original concept for living is outmoded. Le Corbusier had tailored the apartments to the post-war family model, with the mother as housewife devoting herself to housework and bringing up the children at the centre of this sealed-off home. She supervises the living room with the children playing from the cockpit of the laboratory kitchen, and because of the open transitions from room to room can also keep an eye on the other rooms in the home. But the ground plans are no longer appropriate to the current home needs of people with individually different habits and requirements, or work only if there are far fewer occupants than originally allowed for.[22] A family of four would become an enforced society with restricted individual lives in the »bottle« of the standard apartment. So today it is no longer members of »normal families« that benefit from this protected privacy, as was the case in the 1950s, but the singles and couples who now occupy the dwellings.

Living against the landscape

After passing through the little cloakroom, anyone coming into one of these apartments is immediately confronted with the dominant impression given by the huge windows, or better the complete openness of the space to the outside, without exterior walls or a closed parapet. The outdoor space is before you again as soon as you step into the apartment. The tubular shape of the unit, screened off all the way round, from above, below and to the sides, and with very little room for sideways manœuvre, is dominated at both ends by the outside opening. Instead of various windows facing different ways it forms a single frame – supported by the pictureframing upstand of the concrete elements – for the entire outside world, which is perceived exclusively through the one limiting aperture, either facing east, or facing west.[23]

As the foreground is cut out, the dwelling seems to be detached from the place where the building touches everyday city life. The parapet, relatively high at 1.15 m, severely restricts off the downward view, despite the transparency of its concrete grille. The distant links, the sea and the mountains, define the outside world much more. The cramped feeling that many residents complain[24] about, caused by the lowness of the rooms and anciallary spaces, is compensated for by the light and the sweeping view of the countryside. This markedly horizontal quality directs the eye outside. So one Unité-dweller enthuses: »... you have the impression of being outside, not in an apartment, a building. I sometimes feel I'm in the mountains, on a mountain.«[25] Orientation, cosmically and in terms of landscape conveys opposing moods via light, air and sightlines, corresponding with the polarity of east and west, varied by the changing times of day and the seasons: sunrise, sunset, the mist over the water, the mountains glowing red (pp. 66, 67).

Most of the life in the apartments is played out against this sole and dominant background. The folding double door to the recessed balcony can either provide a frame or a screen for the view of the landscape. If the door is opened symmetrically, you may be opening yourself up with a gesture to the outside world by spreading your arms. Living events are placed in the flood of light and in a spatial flow that filters away inside into the twilight depths of the ancillary rooms. As in a picture, framed by the contained field of the great aperture, living here, with the dark background behind you, always seems like living against the landscape.

Alley and pulpit

There is no clear boundary between inside and outside. The façade itself contains the balcony space, which can be occupied as an independent room. From the outside the balcony's paintwork on the side walls suggests colourful and lively intimacy. From the inside – anyway when the living space is attached – it is experienced as an outside space, framed like a stage, for the events of home life. Other sections of the space are staggered behind: the wooden covering for the radiator, over 50 cm wide, makes the threshold between the balcony and the living room a zone that can be occupied, as a heated bench. When the glass screen is fully open, it is possible to move freely between balcony and the interior space. If wished, this and the whole living space can become an »outside room« or a kind of »summer sitting room«.[26]

The off-setting of the storeys means that the living/dining room is subdivided according to depth in a high section rising through two floors and the two parts of the room above or under the gallery. Towards the façade – corresponding with the opening to the outdoor space – the inside rooms are also open to each other, at least on the entrance side of the apartment. But towards its back side the rooms are more strongly substructured and separated from each other. The bright light is filtered and graduated several times between the façade and the depths of the apartment. Towards the middle it keeps getting tighter and darker, while a shimmer of light is still reflected into the depths of the apartment in the longitudinal bands of the smooth parquet. The ceiling height, staggered five times, lends rhythm to the spatial sequence as it continues, high, low, semi-low, low, high (ill. 19, p. 30). This is how the linear run of rooms moves via the façade openings from west to east through the whole apart-ment. The wind whistles through, and the doors slam in the draught.

Because this long alley of space in the apartment, 3.66 m wide and 24.20 m long with the balconies, leads into outside space at both ends, it has to be entered in the middle, yet in a longitudinal direction, which the off-set in the storeys (bottle shoulder) makes possible. Thus the events and locations of home life are distributed in the two Unité apartment types that occur by far the most frequently among the 23 possible variants, not over a plane space, as in most other residential buildings, where people move radially, or in circuits. Here quite the contrary is true: the tubular longitudinal orientation organizes the way in which people move in the apartments. In the double tube of the children's rooms it gives the impression of »multi-tracking«. Home life is proceeding on the track next to me, perceived from the lateral position as in cinematic »parallel tracking«.

But the tubular form is broken up in the gallery area. The strip becomes a loop via the staircase connection. The dining area is usually on or under the gallery, as the focal point in the home. The vertically directed space between the gallery and the glass façade is perceived as a spatial volume in its own right with almost shaft-like proportions (floor area 3.66 x 2.7 m; height 4.8 m), above all if you settle down in the two-storey part, with

definiert. Das Gefühl der Enge aufgrund der niedrigen Raumhöhe in den Zimmern und Nebenräumern, das viele Bewohner beklagen, wird kompensiert durch das Licht und die Weite der Sicht in die Landschaft.[24] Durch diese ausgeprägte Horizontalität wird der Blick nach außen getragen. So schwärmt z. B. ein Unité-Bewohner: »... man hat den Eindruck, draußen zu sein, nicht in einer Wohnung, einem Gebäude. Manchmal habe ich den Eindruck, in einem Gebirge, auf einem Gebirge zu sein.«[25] Die landschaftliche und kosmische Orientierung vermittelt über Licht, Luft und Blickbezüge den Wohnungen gegensätzliche Stimmungen, entsprechend der Polarität von Osten und Westen, variiert durch den Wechsel der Tages- und Jahreszeiten: Sonnenaufgang, Sonnenuntergang, den Dunst über dem Wasser, das rot glühende Gebirge (S. 66, 67).

Vor diesem beherrschenden alleinigen Bildhintergrund spielt sich unausweichlich der Großteil aller Wohnvorgänge ab. Die klappbare, doppelflügelige Tür zur Loggia bildet wahlweise Rahmen oder Bildschirm für die Öffnung zur Landschaft. Klappt man die Tür symmetrisch auf, dann öffnet man sich zwangsläufig selbst durch das Ausbreiten der Arme mit einer Geste zur Außenwelt. Das Wohngeschehen ist in die Strömung von Licht und in einen Raumfluß gestellt, der nach innen hin in der dämmerigen Tiefe der Nebenräume versickert. Wie in einem Bild, eingefaßt vom gerahmten Feld der großen Öffnung, erscheint das Wohnen hier, den dunklen Fond im Rücken, immer als ein Wohnen gegen die Landschaft.

Raumbahn und Kanzel

Zwischen Innen und Außen gibt es keine klare Grenze. Die Fassade selbst umfaßt den Raum der Loggia, die als eigenständiger Raum bewohnt werden kann. Nach außen suggeriert sie durch den Farbanstrich der Innenseiten bunte und lebendige Innerlichkeit. Von innen – jedenfalls dann, wenn sich der Wohnraum anschließt – wird sie als außen gelegener, bühnenhaft gerahmter Raumabschnitt für das Wohngeschehen erlebt. Weitere Raumabschnitte staffeln sich in die Tiefe: Durch die mehr als 50 cm breite Holzabdeckung über der Heizung wird die Schwelle zwischen Loggia und Wohnraum als beheizte Sitzbank selbst zur bewohnbaren Raumzone. Bei vollständig geöffneter Glaswand kann man frei zwischen Loggia und Innenraum pendeln. Wahlweise wird diese zusammen mit dem ganzen Wohnraum zum »Außenraum« oder zu einer Art »Sommersalon«.[26]

Mit dem Geschoßversatz wird der Wohn-/Eßraum der Tiefe nach untergliedert in einen zwei Geschosse einnehmenden, hohen Abschnitt und die beiden Raumteile auf und unter der Galerie. Zur Fassade hin gehen – entsprechend zur Öffnung auf den Außenraum – auch die Innenräume offen ineinander über, jedenfalls auf der Eintrittsseite. Nach hinten sind die Räume dagegen stärker untergliedert und voneinander getrennt. Die Helligkeit wird von der Fassade bis in die Tiefe der Wohnungen mehrfach gefiltert und abgestuft. Zur Mitte hin wird es immer enger und dunkler, während sich in den längslaufenden Bahnen des im Schiffsverband verlegten glatten Parketts ein Lichtschimmer noch bis in die Tiefe der Wohnung spiegelt. Die 5fach gestaffelte Deckenhöhe rhythmisiert die Raumfolge im weiteren Verlauf, hoch, niedrig, halbniedrig, niedrig, hoch (Abb. 19, S. 30). So zieht sich die lineare Raumflucht über die Öffnungen der Fassade von Westen nach Osten durch die ganze Wohnung. Der Wind pfeift hindurch, im Durchzug schlagen die Türen zu.

Weil diese lange Raumbahn der Wohnung, 3,66 m breit und mit den Loggien 24,20 m lang, mit ihren beiden Enden in den Außenraum mündet, muß sie in der Mitte betreten werden, gleichwohl in Längsrichtung, was der Geschoßversatz (Flaschenschulter) möglich macht. So verteilen sich die Vorgänge und Orte des Wohnens in den beiden Wohnungstypen der Unité, die unter den 23 möglichen Varianten weitaus die häufigsten sind, nicht in der Fläche, wie bei den meisten anderen Wohnhäusern, in denen man sich radial oder zirkulierend bewegt. Vielmehr prägt hier die Röhrenlängsrichtung durchweg den Bewegungsablauf in den Wohnungen. In den Kinderzimmern vermittelt sie in der Doppelröhre den Eindruck einer »Mehrgleisigkeit«. Auf dem Gleis neben mir bewegt sich das Wohngeschehen, aus der Querposition in »Parallelfahrt« wahrgenommen, wie im Film.

Aufgelockert wird die Röhrenform indessen im Bereich der Galerie. Über die Treppenverbindung wird die Bahn zur Schlaufe. Auf oder unter der Galerie befindet sich in der Regel der Eßplatz als Fokus der Wohnung. Der vertikal gerichtete Raum zwischen Galerie und Glasfront wird als eigenes Raumvolumen von geradezu schachtartiger Proportion (Grundfläche 3,66 m x 2,70 m; Höhe 4,80 m) wahrgenommen, vor allem, wenn man sich im zweigeschossigen Teil niederläßt, vor sich eines der beiden hochkant formatierten Wandfelder, symmetrisch gefaßt durch die beiden Sturzkanten von Fenster und Galerie.

Wenn man die Wohnung von oben betritt (Typ *inférieur*), erlebt man diesen hohen Raum vorzugsweise von der Galerie aus, kommt man unten herein (Typ *supérieur*), öffnet er sich nach wenigen Schritten in die Höhe. So erlebt man die Situation entweder als Darüber-Stehen oder als Sich-Recken. Eine ausgeprägte Vertikalität zeigt sich hier auch im Bezug zum Außenraum. Von der Galerie blickt man nicht nur in den inneren »Schacht« hinab, sondern auch »diagonal« über beide Brüstungen hinweg und unter dem mittlerem Fenstersturz hindurch nach außen. Diesmal weitet sich der Raum nicht in die Horizontferne, sondern stürzt steil nach unten. Das charakteristische Raumgefühl entsteht durch das Zusammenwirken von Horizontalität und Vertikalität, in den Maßen aufeinander abgestimmt durch den *Modulor*, Le Corbusiers Proportionssystem, durch das Hinauf- und Hinabsteigen und entwickelt sich nach Aussage der Bewohner erst, wenn man hier länger lebt. »Quadratmeter und Kubikmeter werden im Kopf multipliziert.«[27]

Die besondere Qualität der Wohnungsarchitektur wird nachhaltiger durch dieses spezifische Raumgefüge geprägt als durch die Organisation der einzelnen Funktionen. Der Architekt hat zwar für jede Tätigkeit den Platz vorherbestimmt und durch die Ausarbeitung der Details bis in kleinste Einzelheiten durchgestaltet. Doch außer einigen praktischen Vorteilen wird gerade damit der Spielraum für die veränderten Ausstattungsbedürfnisse und eigenen Wohnvorstellungen der heutigen Benutzer eingeschränkt. Indessen bietet sich die prägnante und beherrschende Raumstruktur als Grundlage für die Eingriffe, zu denen sich die Bewohner veranlaßt sehen, im Sinne einer *bricolage*, erfinderischen Ein- und Umbauten, geradezu an.[28]

Vorrangig zeichnet sich die Wohnungsarchitektur durch die Dramaturgie von Bewegung und wechseln-

22, 23. Kinderzimmer.

22, 23. Children's rooms.

one of the two upright-formated wall fields before you, symmetrically framed by the two lintel edges of window and gallery.

If you come into this dwelling from above (*type inférieure*), you are most likely to experience this space from the gallery, whereas if you come in from below (*type supérieure*) it opens up above you after a few steps. So you experience the situation either as something you stand above or stretch up into. There is also a markedly vertical quality here in relation to the outdoor space. From the gallery you do not just look down into the internal »shaft«, but also »diagonally« over the two parapets and down under the central window lintel to the outside. This time the space does not only open up to the distant horizon, but plunges steeply downwards. The characteristic spatial sensation is created by the interplay of horizontal and vertical quality, their dimensions matched by the *Modulor*, Le Corbusier's proportional system, and by climbing up and down. According to the occupants, it only develops when you have lived here for some time. »Square metres and cubic metres are multiplied in your head.«[27]

The special quality of this housing architecture is marked more lastingly by this specific spatial structure than by the organization of the individual functions. It is true that the architect has determined a place for every activity in advance, and designed this down to the last detail by working on the finer points. But a few practical advantages aside, it is precisely this factor that limits the scope for changed requirements for fittings and furniture and the current occupants' own ideas about home life. Whereas the succinct and dominant spatial structure is pretty well ideal as a basis for the interventions the occupants feel obliged to make, in a spirit of *bricolage*, in the form of inventive fittings and modifications.[28]

The housing architecture distinguishes itself mainly through the dramaturgy of movement and changing spatial character, qualities that can only be grasped in situ and that can scarcely be conveyed in photographs. Thus the two most usual apartment types (*supérieur/inférieur*) differ less through the distribution of functions (cooking/eating with living space, bedroom with living space etc.) than by a different gestural approach to up and down: the *type supérieure* apartment is very much like a little house or a villa, entered on a ground floor with garden salon from which you withdraw upstairs to the private quarters. The upper and lower levels are accordingly separated more rigorously by the parapet as a barrier between gallery and living room, while in the *type inférieur* apartments you immediately arrive on a viewing platform at the top – you eat in the dining area as if on a terrace with a view that is not impeded by any balcony parapet –, and then you can descend to the private area with good overview and communication conditions.

The two standard units share a specific experience of the contrast between constriction and amplitude: home life unfolds confined to a horizontal line of movement along the long spatial strip, on an axis of brightness and depth. But at the end of this the space rises to double the height, open completely to the outdoor space and linear movement is liberated into going up- or downstairs. Despite the different allocation of functions, in both apartment types, being on the gallery feels like standing in a pulpit, on a terrace, in bright light, exposed in the direction of the landscape.

Sauntering and taking off

The sense of opening up to the sweep of landscape can be seen as a dramaturgical climax in a sequence of movement that started with the approach to the building. A still higher plane is reached on the roof terrace, the brilliant conclusion to this sequence. It is a largely independent space, set apart from the building by the freedom of its design. As a »roof garden« (even though there are next to no plants on it) with a series of leisure

dem Raumcharakter aus, Qualitäten, die man nur vor Ort angemessen erfassen kann und die sich in der Photographie kaum wiedergeben lassen. So unterscheiden sich auch die beiden gängigen Wohnungstypen (*supérieur/inférieur*) weniger durch die Verteilung der Funktionen (Kochen/Essen mit Wohnen, Schlafzimmer mit Wohnen etc.) als vielmehr durch eine unterschiedliche Gestik des Auf und Ab: Die Wohnung vom Typ *supérieur* hat gleichsam den Charakter eines kleinen Hauses oder einer Villa, die man in einem Erdgeschoß mit Gartensalon betritt, um sich in private Gemächer nach oben zurückzuziehen. Dementsprechend werden durch die Brüstung als Barriere zwischen Galerie und Wohnraum die obere und die untere Ebene hier auch stärker voneinander getrennt, während man bei der Wohnung vom Typ *inférieur* oben gleich auf einer Aussichtsplattform ankommt – am Eßplatz speist man wie auf der Terrasse mit einem Ausblick, der von keiner Balkonbrüstung behindert wird –, um sich dann bei guten Überblicks- und Kommunikationsbedingungen zum Privaten herablassen zu können.

Beiden Standardwohnungen gemeinsam ist ein spezifisches Kontrasterlebnis zwischen Enge und Weite: Im horizontalen Bewegungszug über die lange Raumbahn positionieren sich die Wohnvorgänge beengt auf einer Helligkeits- und Tiefenachse. An deren Ende dagegen weitet sich der Raum zur doppelten Höhe, öffnet sich völlig zum Außenraum, und die Bahnbewegung befreit sich im Auf- oder Abstieg. Trotz der unterschiedlichen Funktionszuweisungen findet man sich bei beiden Typen auf der Galerie wie auf einer Kanzel, einer Terrasse, im hellen Licht, exponiert gegenüber der Landschaft.

Schweifen und Abheben

Die Öffnung zur weiten Landschaft kann man als dramaturgischen Höhepunkt in einer Bewegungsabfolge betrachten, die mit der Annäherung ans Haus begonnen hat. In einer weiteren Steigerung bildet die Dachterrasse den fulminanten Abschluß dieser Sequenz. Sie stellt einen weitgehend eigenständigen Raum dar, der sich in seiner freien Gestaltung vom Gebäude absetzt. Als »Dachgarten« (wenngleich fast ohne Pflanzen) mit einer Reihe von Freizeiteinrichtungen dient sie als attraktiver Aufenthaltsort zur Erholung und Begegnung der Bewohner. Die Aufbauten, zu denen auch die Gymnastikhalle und der Kinderhort, der Aufzugsturm und die Lüftungsschlote gehören, bilden eine vielgestaltige Ansammlung von skulptural behandelten Objekten aus Beton. Zwischen ihnen kann man sich auf freien Flächen ungezwungen bewegen oder auf Sockeln und Bänken niederlassen.

Kaum ist man oben angekommen, wird die Bewegung, die in den »Straßen«, den Aufzügen und selbst den Wohnungen an horizontale und vertikale Raumbahnen gebunden ist, befreit. Obwohl die Grundfläche der Dachterrasse ausgesprochen langgestreckt ist, evoziert sie nicht die eindimensionale Bewegung einer Längsbahn. Auf raffinierte Weise wird sie mit der Zirkulation auf einer äußeren Ringbahn überlagert. Betritt man diese Bahn, bemerkt man, daß die Höhe der Brüstung von hier aus den Blick nach außen nicht zuläßt. So richtet sich die Orientierung zunächst wieder nach innen, wo auf der leicht erhöhten Fläche bauliche Elemente und Bewegungsräume frei verteilt sind. Steigt man von der Ringbahn auf diese Plattform, dann erreicht man damit das Niveau, von dem der Blick schlagartig weit in die Landschaft reicht. Man kann die Zwischenstufe des Zirkulierens als die verzögernde Vorstufe zu diesem Akt der überwältigenden Dimensionserweiterung begreifen.

Das Panorama, das man nun vor Augen hat, wird nach unten von der Brüstungsoberkante gleichsam als künstlichem Horizont beschnitten. Damit wird die nähere Umgebung mit dem städtebaulichen Wildwuchs der letzten Jahrzehnte gnädig ausgeblendet. (Allenfalls auf der Rampe zum Kinderhort kann man die nahe Stadt langsam auftauchen und dann wieder verschwinden lassen.) Nur die ferne Landschaft, beherrscht vom Gebirge im Osten und dem Meer im Westen, scheint das Haus zu umgeben. Die eigene Verortung reicht daher bis zu den Grenzen eines weiten, leeren Raumes, dessen Rand etwa durch die Kette der Berge und die Inseln im Meer markiert wird und in dem der Ort auf der Dachterrasse frei zu treiben scheint. Durch die blickleitende Wirkung der Beton-»Böschung« am Südende wird die Dachlandschaft der Unité d'habitation an die ferne Landschaft optisch angeschlossen (S. 82, 83), und die Miniaturbetonberge hier setzen sich dort bruchlos in den (abstrakt erscheinenden) kahlen Felsenbergen fort, von denen bei ausreichendem Dunst auch einige Hochhäuser assimiliert werden.

Die Aufbauten und Objekte, die wie Skulpturen von teilweise skurriler Gestalt auf der Plattform der Dachterrasse angeordnet und unter dem Himmel offen ausgebreitet sind, bekommen durch ihre plastische Modellierung im Sonnenlicht eine besonders körperhafte Präsenz.[29] Wenn man hier wiederum von Mystik sprechen wollte, wäre es die Verrätselung von leeren Orten, an denen nach Art der *pittura metafisica*[30] seltsame Gegenstände durch harte Kontraste von Licht und Schatten in eine dramatische Stimmung versetzt werden. Jedenfalls stellen die Objekte auf der Dachterrasse der Unité d'habitation durch subtile Beziehungen zwischen den Elementen spannungsreiche, teils enge, teils sehr weite Räume her. Im Kontrast zur Stille der *rue intérieure* dringen gedämpft die Geräusche der Stadt herauf und mischen sich mit dem Rauschen des Windes in den Ohren. Durch die starke Abhängigkeit vom Licht schwankt die Stimmung bei wechselndem Wetter extrem. Hält man sich hier oben auf, dann wird man selbst mit dem eigenen Körper in dieses atmosphärisch aufgeladene Spiel von plastischen Volumen unter dem Licht und die Choreographie der Figuren einbezogen.

Dabei erscheint der südliche Teil, der auch dem Kindergarten dient, durch seine ringsum geschlossene Fassung mit wenigen engen Durchlässen eher introvertiert. Innerhalb dieser Kontur bilden der überdachte Bereich unter dem Kinderhort, das Wasserbecken und die Kammern des Solariums abgestufte, ineinandergelagerte Raumzonen (S. 78–81). Details wie die Duschkabine, Pflanzbeete und das »Sofa« aus Beton machen den »Dachgarten« zu einem Raum für das alltägliche Vergnügen, nicht nur zum Herumrennen und Spielen, sondern auch zum Hinsetzen oder Liegen, »Baden«, Duschen und Sich-Sonnen. Zugleich aber greift dieser begrenzte Raum, vor allem durch die Imitation der Berge unterstützt, in die Landschaft über. Hier ist man drinnen und gleichzeitig draußen, die Wände des fernen Gebirges bilden eine erweiterte Raumbegrenzung.

Der nördliche Bereich der Dachterrasse dagegen wirkt offen und ungeteilt. Der Raum dehnt sich in die Weite übers Meer. Es gibt keine hohen Berge, die ihn be-

24. Schnitt durch die Ringbahn.
25, 26. Südlicher Bereich der Dachterrasse.

24. Section of outer circular path.
25, 26. Southern section of the roof terrace.

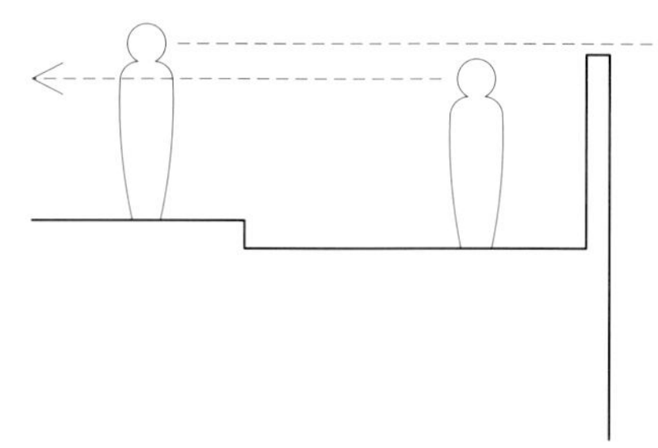

facilities it is an attractive space to spend time, relax and meet other occupants. The rooftop structures, which include the gym and the day nursery, the lift tower and the ventilation shafts, represent a complex accumulation of concrete objects treated sculpturally. It is possible to move freely in the open spaces between them, or sit down on plinths and benches.

Almost the moment you get there, your movement options, which have been confined to horizontal and vertical spatial paths in the »streets«, lifts and even the apartments, are suddenly liberated. Even though the basic area of the roof terrace is particularly long and narrow, it does not evoke one-dimensional movement on a longitudinal path. Circulation on an outer circular path is subtly superimposed. If you start to walk along this path you notice that the parapet is too high to look out over. So at first the orientation shifts back inwards, where architectural elements and spaces to move around are distributed freely in the slightly raised area. If you step on to this platform from the circular path, you reach the level from which the eye is suddenly taken out far over the landscape. It is possible to understand the intermediate stage of circulation as a hesitant preliminary step towards this act of opening out the dimensions overwhelmingly.

The panorama you now have before you is cut off at the bottom by the top edge of the parapet, almost like an artificial horizon. This means that the immediate vicinity with the urban proliferation of recent decades is mercifully obliterated. (Only on the ramp leading to the day nursery is it possible to allow the nearer part of the city to appear and then disappear again.) Only the distant countryside, dominated by the mountains to the east and the sea to the west seem to surround the building. So one's own sense of location extends to the borders of a wide-open empty space whose edge is marked by the mountain range and the islands in the sea, for example, and in which the location on the roof terrace seems to be in a state of free suspension. The visual guideline supplied by the concrete »embankment« at the south end connects the roofscape of the Unité d'habitation with the distant landscape visually (pp. 82, 83), and the miniature concrete mountains here continue unbroken into the (abstract-looking) bleak rocky mountains from which a few high rise buildings can also be assimilated with adequate mist.

The superstructures and objects arranged like sculptures, sometimes taking bizarre shape, on the roof terrace platform and spread out openly under the sky acquire a particularly physical presence from their three-dimensional modelling by the sunlight.[29] If we were to speak of mysticism again here, it would be the idea of making empty places mysterious, places where in the manner of *pittura metafisica*[30] strange objects are given dramatic allure by sharp contrasts of light and shade. In any case, the objects on the roof terrace at the Unité d'habitation create exciting spaces, some confined, some very open. In contrast with the quiet of the *rue intérieure*, the city noises make their muted presence felt, mingling with the rushing of the wind in our ears. Because of the great dependence on light the mood swings enormously in changeable weather. If you spend time here, you and your own body become part of this atmospherically charged interplay of sculptural volumes under the light, and of the choreography of the figures.

Here the southern section, which is also used by the kindergarten, tends to seem introverted because it is closed on all sides, with a very few narrow openings. Within this outline, the roofed area under the children's day-care centre, the pool and the solarium chambers form a sequence of graded overlapping spaces (pp. 78 to 81). Details like the shower cubicle, flowerbeds and the concrete »sofa« make the roof »garden« a space for everyday enjoyment, not just for running around and playing, but also for sitting or lying down, »bathing«, showering and sun-bathing. But at the same time this restricted space reaches out into the landscape, above all through its imitation of the mountains. Here you are inside and outside at the same time, the walls of the distant hills create an extended boundary for the space.

In contrast with this, the northern area of the roof terrace seems open and undivided. The space stretches far out over the sea. There are no high mountains to limit it, or they are blocked out by the longitudinal wall. This in its turn, also the ventilation chimney and the theatre podium (as the three elemental sculptural forms slab, stele and stepped block) occupy this extensive space only at certain points, everything is free-standing, the space remains open. As well as this, each of the three elements has a scenic function. The longitudinal wall provides a backdrop and rear wall for the whole »stage« floor. The stepped podium, with a slab thickness of only 8 cm, seems light and fragile. It enhances dramatically, raised a little from floor level, whereas the chimney, erect and imposing, has come on to the stage as protagonist. These solids are in a state of dynamic equilibrium. People entering this space are exposing themselves and their bodies to an expressively charged field. Coming from the circular path with its prescribed direction, here their movement is liberated and broadened initially. But then, attraction and repulsion between the solid elements described and the dramatic shadows they cast on the ground lead people on in what is essentially a dance, without any prescribed direction: an artificial world like the theatre, for which this space was also intended and for which – as in the ancient Greek theatre – the distant landscape was also borrowed as a backdrop.

The immediate neighbourhood limits the view from a house in the city, but here the mountains and the sea define the space around the building as a wide-open landscape. What you see from the roof terrace and from the windows of most of the apartments is not the same outside space you have come into the building from. These different spaces define the beginning and the end of the sequence that articulates the movement structure of the entire building.

Everyday stages

In the Unité d'habitation we get to know Le Corbusier as a director of scenes and a constructor of atmosphere. This intention is clear from his own statements. A scenic motif runs through the architecture of the whole building. Architecture and movement work together in such a way that one's own condition – in a rather unspecific way – gains a certain esteem. This is a different experience from a scenographic approach to the situation, which would provide a tight thematic interpretation for action and movement; but it is also not the same as neutral architecture that would offer only functional areas and volumes. But the Unité d'habitation shows a quality that could be called the scenic capacity of architec-

grenzen, oder sie werden von der Längswand ausgeblendet. Diese wiederum besetzt zusammen mit dem Abluftschlot und dem Theaterpodest (als den drei elementaren plastischen Formen Scheibe, Stele und Stufenblock) die weite Fläche nur punktuell, alles steht frei, der Raum bleibt geöffnet. Daneben hat jedes der drei Elemente eine szenische Funktion. Die Längswand ist Kulisse und Rückwand des ganzen »Bühnen«-Bodens. Das Stufenpodest wirkt mit einer Plattenstärke von nur 8 cm leicht und fragil. Die unterste Stufe vom Boden abgehoben, dient es der dramatischen Erhöhung. Indessen hat der Schlot, in imposanter Gestalt aufgerichtet, als erster Akteur die Szene betreten. Zwischen diesen Körpern besteht ein dynamisches Balanceverhältnis. Wer hier hinzutritt, exponiert sich mit seinem eigenen Körper in einem expressiv aufgeladenen Feld. Von der Ringbahn mit ihrer vorgeschriebenen Richtung kommend, befreit und weitet sich seine Bewegung hier zunächst. In einer eher tänzerischen Form ohne vorgegebene Richtung wird er dann nur noch durch Anziehungs- und Abstoßungsimpulse zwischen den beschriebenen Körperelementen und den dramatischen Schatten, die sie auf die Fläche werfen, herumgeführt: Eine künstliche Welt wie das Theater, für das dieser Raum ja auch gedacht war und wofür – wie im antiken griechischen Theater – auch die ferne Landschaft als Kulisse ausgeborgt wird.

Anders als bei einem Haus innerhalb der Stadt, wo für den Blick nach draußen die unmittelbare Nachbarschaft den Raum begrenzt, definieren hier Berge und Meer den Umraum des Hauses als weiten Landschaftsraum. Was man von der Dachterrasse aus und von den Fenstern der meisten Wohnungen als Raum um sich wahrnimmt, ist nicht derselbe Außenraum, von dem aus man das Haus betreten hat. Diese Verschiedenartigkeit der Räume bestimmt Anfang und Ende der Abfolge, welche die Bewegungsstruktur des ganzen Gebäudes gliedert.

Bühnen des Alltags

In der Unité d'habitation lernen wir Le Corbusier als Regisseur von Szenen und als Konstrukteur von Atmosphären kennen. In seinen Aussagen wird diese Absicht erkennbar. Ein szenisches Motiv zieht sich durch die Architektur des ganzen Gebäudes. Architektur und Bewegung wirken so zusammen, daß das eigene Befinden eine gewisse – eher unspezifische – Wertschätzung erfährt. Im Gegensatz etwa zu einer szenographischen Bearbeitung der Situation, die eine enge thematische Deutung für Handeln und Bewegung vorgäbe; im Unterschied aber auch zu einer neutralen Architektur, die lediglich nutzungsgerechte Flächen und Volumen bereitstellen würde. Gegen die irrige Vorstellung, architektonische Erfahrungen hingen ganz von der Aneignung ab, zeigt das Beispiel der Unité d'habitation eine Qualität auf, die als szenische Kapazität[31] von Architektur bezeichnet werden könnte. Man kann szenische Kapazität als architektonisches Mittel einsetzen, um den »Auftritt« in einer Situation »bemerkenswert« zu machen, ohne den Spielraum für unterschiedliche Entfaltungs- und Interpretationsmöglichkeiten einzuschränken, eine Gratwanderung mit dem Risiko, die architektonische Gestaltung eben doch als Regieanweisung zu mißbrauchen, wodurch sie zur Gängelung würde.

Die großzügige Foyeratmosphäre bereitet dem Ankommenden gleich in der Eingangshalle der Unité d'habitation einen Empfang wie in einem Nobelhotel. In eine befremdliche Spannung dazu versetzt ihn aber sogleich die eigentümliche Mischlichtstimmung, die gemäß der Absicht des Architekten[32] den Raum beherrscht. Die Inszenierung des Übertritts zwischen Innen und Außen durchzieht diesen ganzen Raum, in dem die baulichen Elemente mit ihrer unregelmäßigen Anordnung durch eine zwanglose Regie die variantenreichen Wegverläufe der Ankömmlinge verteilen, während die verschiedenen »Details« wie Bühnenversatzstücke die unterschiedlichsten, teils undefinierbaren Hilfsfunktionen für die Aufführungen des Ankommens und Aufbrechens durch die Bewohner übernehmen.

In der Ladenstraße erleben wir die Imitation einer Stadt. Eine Miniaturstadt mit »echten« Straßenlampen, Straßenecken, einem kleinen Platz, einer Terrasse, Straßenbänken und einer Flaniermeile wird vorgeführt, etwas kulissenhaft vielleicht, aber mit der Aufforderung, »Stadt zu spielen« und sich hier wie in einem echten Stadtquartier zu bewegen. In der dämmerigen Innenstraße dagegen wird der Raum durch die Stille und Abgeschiedenheit und durch die vielfarbig aufgeladene, unwirkliche Lichtstimmung zu einem Schauplatz, auf dem gedämpfte Schritte und schattenhafte Gestalten eine zwielichtige Bedeutsamkeit erhalten. Sie bereitet einen dramatischen Höhepunkt vor, auf dem die Raumstimmung abrupt umschlägt und man mit dem Schritt in die lichterfüllte Wohnung eine andere Welt zu betreten scheint.

Charakteristisch für das in den Wohnungen angewendete Citrohanschema[33] ist die Art, wie man von hinten oder unten in einen hohen Raum hinaustritt. Trotz der beschränkten Dimensionen kann auch dieser Vorgang als eine Art Auftritt erlebt werden, nicht vor Zuschauern, sondern als intensivierte Wahrnehmung der eigenen Situation. Selbst die Einengung des Wohnens auf die schmale Längsbahn von 3,66 m kann als performative Prägung betrachtet werden, die so eigentümliche Bewegungsstrukturen erzwingt, daß die Wohnungen gewiß nicht als indifferente Funktionsarchitektur gelten können. Der zweifelhafte Erlebnisgehalt dieser Bahnbewegungen variiert mit der Position und den Verschiebungen auf der Helligkeitsskala: Eintauchen in das intime Dunkel oder Heraustreten aus der Tiefe der Nebenräume ins helle Licht.

Die Dachterrasse ist natürlich auch in szenischer Hinsicht ein Höhepunkt. Nicht nur daß hier vom Architekten ein »Theater« vorgesehen wurde. Vielmehr bieten alle Räume dieser Dachlandschaft szenische Tableaus durch Podeste, Treppchen, Rampen und rahmende Rückwände an. Die baulichen Objekte und Aufbauten übernehmen gleichsam eine Rolle als Mitakteure auf diesen Bühnen. Das Licht und die wandernden Schlagschatten, die wie die rätselhaften Schatten De Chiricos eine Traumwelt suggerieren mögen, verfremden jedes Geschehen an diesem Ort. »Geblendet von der Helligkeit, frei in seiner Bewegung, verliert man den Bezug zum Gebäude, vergißt die Umgebung zwischen fremdartigen Figuren und läßt sich treiben, wie in eine andere Welt versetzt.«[34]

27, 28. Der nördliche Bereich der Dachterrasse.

27, 28. The northern area of the roof terrace.

ture, thus resisting the erroneous idea that architectural experiences are a matter of appropriation alone. Scenic capacity[31] can be used as an architectural resource that will make our »entrance« on to a particular scene »remarkable«, without limiting the scope for different development and interpretation possibilities, a tightrope walk that however risks abusing architectural design as stage directions, which would reduce it to mere nannying.

The generous foyer atmosphere receives visitors to the Unité d'habitation as if they were coming to a fivestar hotel, from the moment they step into the entrance hall. But they immediately start to experience an exceptional tension because of the strangely mixed lighting atmosphere, which dominates the space as the architect intended.[32] The way the transition from inside to outside is staged pervades this entire space, in which the irregularly arranged architectural elements effortlessly direct arrivals along the many pathways available to them, while the various details like the stage set-pieces take of a whole range of aid functions, some of them undefined, for the occupants' performance of arriving and departing.

In the shopping street we experience an imitation of a town. A miniature town is introduced, with »real« street lamps, street corners, a little square, a terrace, street benches and a smart shopping mall, somewhat like a backdrop, perhaps, but issuing a challenge to »play at towns« and to move around here as if in a real urban quarter. Whereas in the twilight *rue intérieure* silence and seclusion, and the highly colour-charged, unreal atmosphere of the lighting makes the space into a scene where muted footsteps and shadowy figures acquire a dubious significance. It is preparing for a dramatic climax when the atmosphere of the space suddenly changes, and by stepping into the light-flooded apartment you seem to be entering another world.

Typical of the Citrohan scheme[33] used in the apartments is the way in which you move into a high space from behind or from below. Despite the restricted dimensions, this process can be experienced as another kind of entrance, not in front of spectators, but as a more intensive perception of one's own situation. Even the fact that home life is confined to a narrow longitudinal strip 3.66 m wide can be seen as a performative insistence on highly individual movement structures, to the extent that the apartment can certainly not be seen as indifferent functional architecture. The dubious experience content of these linear movements varies with the position on and the shifts in the scale of brightness: plunging into intimate darkness or stepping out of the depths of the ancillary rooms into bright light.

Of course the roof terrace is a highlight in scenic respects as well. It is not just that the architect intended to be a »theatre« here. It is much more that all the space in this roofscape offers scenic tableaux created by podia, little flights of steps, ramps and framing rear walls. The architectural objects and superstructures seem to take on roles as fellow actors on these stages. The light and the wandering shadows, which may suggest a dream world, as do De Chirico's mysterious shadows, alienate everything that happens in this place. »Dazzled by brightness, free in one's movement, one loses one's connection with the building, forgets the surroundings among the strange figures and lets oneself be carried along, as if transported to another world.«[34]

Anmerkungen

[1] »Bewegend bei Tag und magisch bei Nacht«, aus einem Brief Le Corbusiers an seine Mutter am Tag nach der Einweihung, in: Jacques Sbriglio, *Le Corbusier: L'Unité d'habitation de Marseille*, Basel, Boston, Berlin 2004, S. 177.
[2] Wesentliche Eigenschaften und Inhalte von Architektur zeigen sich nur im subjektiven Erleben, haben aber intersubjektive Gültigkeit. Das Erleben als Grundlage jeder Architektur darf nicht verwechselt werden mit »Erlebnisarchitektur« bzw. »experience architecture«, durch die der Benutzer zugunsten von meist kommerziellen Interessen vereinnahmt werden soll. Vgl. dazu. z. B. Silke Ötsch, *Überwältigen und Schmeicheln. Der menschliche Körper im Visier der Planer*, Weimar 2006, S. 217 ff. Siehe auch Jürgen Hasse, »Erfahrung durchs Erlebnis? Erlebnisarchitektur im selbst- und weltbezogenen Denken«, in: Alban Janson, Angelika Jäkel (Hrsg.), *Mit verbundenen Augen durch ein wohlgebautes Haus. Zur szenischen Kapazität von Architektur*, Frankfurt am Main 2007, S. 44.
[3] Bei dem dieser Studie vorangegangenen architekturtheoretischen Seminar (Universität Karlsruhe) wurde die Unité d'habitation in Marseille wiederholt zu mehrtägigen Aufenthalten in dem Hotel bzw. in den Appartements des Hauses und zum Austausch der Beobachtungen aufgesucht und bewohnt. Die Beobachtungsergebnisse wurden mit Befragungen im Rahmen empirischer Studien verglichen und in der vorliegenden Studie als phänomenologische Untersuchung ausgearbeitet.
[4] Sylvette Denèfle, Sabrina Bresson, Annie Dussuet, Nicole Roux, *Habiter Le Corbusier. Pratiques sociales et théorie architecturale*, Rennes 2006.
[5] »Architecturé«. Vgl. Le Corbusier, »Défense de l'architecture«, *L'architecture d'aujourd'hui*, 1933, Nr. 10, S. 42.
[6] Gernot Böhme, »Der Raum leiblicher Anwesenheit«, *Der Architekt*, 5–6, 2006, S. 37. In einem über den anatomischen Körperbegriff hinausgehenden Verständnis spricht man in der Phänomenologie von Leib und »leiblichem Raum«.
[7] Als »exzentrische« Wahrnehmung bezeichnete Helmuth Plessner die Fähigkeit des Menschen, zu sich selbst eine Distanz herzustellen. »Er lebt und erlebt nicht nur, sondern er erlebt sein Erleben.« Helmuth Plessner, *Die Stufen des Organischen und der Mensch* (1928), 3. Aufl., Berlin, New York 1975, S. 292. Zur Bedeutung des Plessnerschen Exzentrizitätsbegriffs für die Architektur vgl. Alban Janson, »Zur Aktualität des Szenischen in der Architektur«, in: Alban Janson, Angelika Jäkel, a. a. O. (Anm. 2), S. 7.
[8] Zum Begriff der Physiognomie im Rahmen einer Ästhetik vgl. Gernot Böhme, *Atmosphäre. Essays zur neuen Ästhetik*, Frankfurt am Main 1995, S. 101 ff.
[9] Charles Jencks, *Le Corbusier and the Tragic View of Architecture*, London 1973, S. 142: »a tough anthropomorphism«.
[10] Vincent Scully, *Modern Architecture. The Architecture of Democracy*, New York 1961, S. 44–45.
[11] Charles Jencks, a. a. O. (Anm. 9), S. 140.
[12] Diese Parallele wird von Le Corbusier geltend gemacht in seinem Vergleich der unregelmäßigen, fehlerhaften Betonoberfläche mit den Unregelmäßigkeiten in der Erscheinung der Haut von Menschen. *Le Corbusier. Œuvre complète 1946–1952*, Zürich 1953, S. 193.
[13] Das Äußere der Unité stößt als schiere Betonmasse bei vielen Bewohnern auf Ablehnung, wird als Blattern (vérole) oder Warze (verrue) bezeichnet, wie in Rezé, wo es allerdings die feingliedrige Oberflächenstruktur der Marseiller Unité nicht aufweist. Vgl. Sylvette Denèfle u. a., a. a. O. (Anm. 4), S. 270.
[14] »Düsternis und Enge« konstatiert Lewis Mumford, »Der ›Nonsens‹ von Marseille«, *Baukunst und Werkform*, Heft 1, 1958, S. 30. »Nachtlokale« assoziiert Alfred Roth, »Der Wohnbau ›Unité d'habitation‹ in Marseille«, *Werk*, Jan. 1954, S. 22. Für Bewohner der Unité d'habitation in Rezé riefen die dunklen Straßen anfangs Unsicherheit und Angst hervor, wirkten unmenschlich (déshumanisant), wie ein Gefängnis, vgl. Sylvette Denèfle u. a., a. a. O. (Anm. 4), S. 268 f.
[15] Die Kästen für die Anlieferung sind dagegen in jedem Geschoß einheitlich, von einem Geschoß zum anderen aber wechselnd blau, grün, gelb, gelb, rot, lilabraun und blau gestrichen und erlauben so, das jeweilige Wohngeschoß über die nuancierten Unterschiede der Farbstimmung zu identifizieren.
[16] *Le Corbusier. Œuvre complète 1946–1952*, S. 205 (Bildunterschrift).
[17] Vgl. Le Corbusier, *Kinder der strahlenden Stadt*, Stuttgart 1968, S. 46.
[18] Vgl. Sylvette Denèfle u. a., a. a. O. (Anm. 4), S. 155 f.
[19] Der Eindruck eines Bewohners beim ersten Besuch: »... quand il a ouvert la porte, c'était rigolo, quoi.« Ebd., S. 269.
[20] Vgl. Charles Jencks, a. a. O. (Anm. 9), S. 140.
[21] Ebd.
[22] Nach einer Studie für die Unité d'habitation von Rezé bei Nantes lebten schon in den 1980er Jahren dort nur noch maximal 3 statt 4–6 Personen in der Standardwohnung. Joël Guibert, *Les locataires de la maison radieuse, opinions et pratiques*, LERSCO, Université de Nantes 1987, S. 27. Nach heutigen Standards werden Küche, Wohnraum, Zimmer und Stauräume von vielen Bewohnern als zu klein empfunden. Vgl. Sylvette Denèfle u. a., a. a. O. (Anm. 4), S. 155 f.
[23] Dies gilt für den größten Teil der Wohnungen. Eine geringere Anzahl ist lediglich einseitig nach Süden gerichtet.
[24] Es ist von Beklemmung (oppression) die Rede, einem erstickenden (étouffant) Gefühl, erdrückt (écrasé) zu werden, und dem notwendigen Ausgleich durch die Horizontalität (un grand horizontal). Sylvette Denèfle u. a., a. a. O. (Anm. 4), S. 260 f.
[25] Ebd., S. 255.
[26] Ebd., S. 129.
[27] So drückt es einer der Unité-Bewohner von Rezé aus. Ebd., S. 260.
[28] Ebd., S. 156 f.
[29] Es erstaunt daher nicht, daß Le Corbusier hierzu noch einmal seine eigene klassische Architekturdefinition anführt: »L'architecture est le jeu correct et magnifique des formes sous la ›lumière‹.« *Le Corbusier. Œuvre complète 1946–1952*, S. 222 (Bildunterschrift). Neben den polyvalenten Funktionen der Betonkörper zur Bewegungsführung (Verengung, Durchlaß usw.), als räumlicher Index (Betonberge – Felsengebirge) und als szenische Mittel (Kulisse, Podest usw.) verweist Le Corbusier auf die zusätzliche bildhafte Bedeutung der Betonhügel als »Dromedare«. Ebd., S. 221 (Bildunterschrift).
[30] Giorgio de Chirico und Carlo Carrà hatten die Bezeichnung *pittura metafisica* für ihre verrätselnden Bilder verwendet, die am Anfang des 20. Jahrhunderts entstanden.
[31] Zur ausführlichen Darstellung des Begriffs vgl. Alban Janson und Sophie Wolfrum, »Kapazität. Spielraum und Prägnanz«, *Der Architekt*, Heft 5–6, 2006, S. 50–54.
[32] *Le Corbusier. Œuvre complète 1946–1952*, S. 205 (Bildunterschrift).
[33] Unter der Bezeichnung *Maison Citrohan* stellte Le Corbusier 1919 in einem Entwurf zum ersten Mal einem über zwei Geschosse reichenden Aufenthaltsraum mehrere auf die beiden Stockwerke verteilte Zimmer und Nebenräume gegenüber.
[34] Nadine Sobotta, »Dachterrasse«, Seminararbeit am Institut für Grundlagen der Gestaltung, Universität Karlsruhe 2005.

Notes

[1] »Moving by day and magic by night«, from a letter by Le Corbusier to his mother on the day after the opening, in: Jacques Sbriglio, *Le Corbusier: L'Unité d'habitation de Marseille*, Basel, Boston, Berlin, 2004, p. 177.
[2] Essential qualities and meanings relating to architecture show only in subjective experience, but have intersubjective validity. Experience as the basis of all architecture must not be confused with so-called »experience architecture«, where users are supposed to be captivated by interests that are usually commercial. For this see, for example, Silke Ötsch, *Überwältigen und Schmeicheln. Der menschliche Körper im Visier der Planer*, Weimar, 2006, pp. 217 ff. See also Jürgen Hasse, »Erfahrung durchs Erlebnis? Erlebnisarchitektur im selbst- und weltbezogenen Denken«, in: Alban Janson, Angelika Jäkel (eds.), *Mit verbundenen Augen durch ein wohlgebautes Haus. Zur szenischen Kapazität von Architektur*, Frankfurt am Main, 2007, p. 44.
[3] In a seminar (Karlsruhe University) preceding this study, the Unité d'habitation in Marseilles was repeatedly visited and lived in for several days in the hotel or apartments of the building, so that observations could be exchanged. The results of these observations were compared with questionnaires in the context of empirical studies and developed in the present study as a phenomenological investigation.
[4] Sylvette Denèfle, Sabrina Bresson, Annie Dussuet, Nicole Roux, *Habiter Le Corbusier. Pratiques sociales et théorie architecturale*, Rennes, 2006.
[5] »Architecturé«. Cf. Le Corbusier, »Défense de l'architecture«. *L'architecture d'aujourd'hui*, 1933, no. 10, p. 42.
[6] Gernot Böhme, »Der Raum leiblicher Anwesenheit«, *Der Architekt*, 5–6, 2006, p. 37. This perception goes beyond the usual understanding of the anatomical concept of body (German: »Körper«); in phenomenology one speaks of body (Germ. »Leib«) and »bodily space« (Germ. »leiblicher Raum«).
[7] Helmuth Plessner called man's ability to distance himself from himself »eccentric« perception. »He does not only live and experience, but he experiences his experiencing.« Helmuth Plessner, *Die Stufen des Organischen und der Mensch* (1928), 3rd ed. Berlin, New York, 1975, p. 292. For the significance of Plessner's eccentricity concept for architecture cf. Alban Janson, »Zur Aktualität des Szenischen in der Architektur«. In: Janson/Jäkel (eds.), *Mit verbundenen Augen durch ein wohlgebautes Haus. Zur szenischen Kapazität von Architektur*, Frankfurt am Main, 2007, p. 7.
[8] For the concept of physiognomy in the context of an aesthetic cf. Gernot Böhme, *Atmosphäre. Essays zur neuen Ästhetik*, Frankfurt am Main, 1995, pp. 101 ff.
[9] Charles Jencks, *Le Corbusier and the Tragic View of Architecture*, London, 1973, p. 142
[10] Vincent Scully, *Modern Architecture. The Architecture of Democracy*, New York, 1961, pp. 44–45.
[11] Charles Jencks, loc. cit. (note 9), p. 140.
[12] Le Corbusier puts this parallel forward when he compares the irregular, faulty concrete surface with irregularities in human skin. *Le Corbusier. Œuvre complète* 1946 to 1952, Zurich, 1953, p. 193.
[13] As a pure concrete mass the exterior of the Unité is rejected by many residents, and is called a pox (vérole) or wart (verrue), as in Rezé, where indeed the surface structure is not as fine and intricate as in the Marseilles Unité. Cf. Sylvette Denèfle et al., loc. cit. (note 4), p. 270.
[14] »Gloom and confinement« says Lewis Mumford, »Der ›Nonsense‹ von Marseille«, *Baukunst und Werkform*, no 1, 1958, p. 30. »Night clubs« is Alfred Roth's response, »Der Wohnbau ›Unité d'habitation‹ in Marseille«. *Werk*, Jan. 1954, p. 22. For occupants of the Unité d'habitation in Rezé the dark streets caused uncertainty and anxiety at first, seemed inhuman (déshumanisant), like in a prison, cf. Sylvette Denèfle et al., loc. cit. (note 4), pp. 268 f.
[15] The delivery boxes are uniform on every floor, but change colour from one floor to the next: painted blue, green, yellow, yellow, red, purple-brown and blue, thus making it possible to identify each floor by the difference in colour shades.
[16] *Le Corbusier. Œuvre complète 1946–1952*, p. 205 (caption).
[17] Cf. Le Corbusier, *Kinder der strahlenden Stadt*, Stuttgart, 1968, p. 46.
[18] Cf. Sylvette Denèfle et al., loc. cit. (note 4), pp. 159 f.
[19] A resident's impression on a first visit: »... quand il a ouvert la porte, c'était rigolo, quoi.«, ibid., p. 269.
[20] Cf. Charles Jencks, loc. cit. (note 9), p. 140.
[21] Ibid.
[22] According to a study of the Unité d'habitation in Rezé near Nantes, in the 1980s only a maximum of 3 people were living in the standard apartment, rather than 4–6. Joël Guibert, *Les locataires de la maison radieuse, opinions et pratiques*, LERSCO, Université de Nantes, 1987, p. 27. By today's standards, many residents found kitchen, living room, bedrooms and storage space too small. Cf. Sylvette Denèfle et al., loc. cit. (note 4), pp. 155 f.
[23] This applies to most of the apartments. A small number face south only.
[24] This is about oppression, a suffocating (étouffant) feeling, of being crushed (écrasé) and the necessary compensation from the horizontal quality (un grand horizontal). Sylvette Denèfle et al., loc. cit. (note 4), pp. 260 f.
[25] Ibid., p. 255.
[26] Ibid., p. 129.
[27] This is how one of the Rezé Unité occupants puts it. Ibid., p. 260.
[28] Ibid., pp. 156 f.
[29] So it is not surprising that Le Corbusier cited his own classical definition of architecture here: »L'architecture est le jeu correct et magnifique des formes sous la ›lumière‹.« *Le Corbusier. Œuvre complète 1946–1952*, p. 222 (caption). As well as the concrete building's multiple functions for controlling movement (constriction, opening etc.), as a spatial reference (concrete hills – rocky mountains) and as a theatrical device (backdrop, podium etc.), Le Corbusier refers to the additional pictorial significance of the concrete hill as »Dromedare«. Ibid., p. 221 (caption).
[30] Giorgio de Chirico and Carlo Carrà had used the term *pittura metafisica* for their mystifying images produced in the early 20th century.
[31] For a detailed interpretation of the concept cf. Alban Janson and Sophie Wolfrum, »Kapazität. Spielraum und Prägnanz«. *Der Architekt*, no. 5–6, 2006, pp. 50 to 54.
[32] *Le Corbusier. Œuvre complète 1946–1952*, p. 205 (caption).
[33] Le Corbusier first juxtaposed a living room rising through two storeys and several rooms and ancillary spaces distributed over both floors under the heading *Maison Citrohan* in 1919.
[34] Nadine Sobotta, »Dachterrasse«, seminar work at the Institut für Grundlagen der Gestaltung, Karlsruhe University, 2005.

Aufriß der Westfassade
Elevation of the west façade

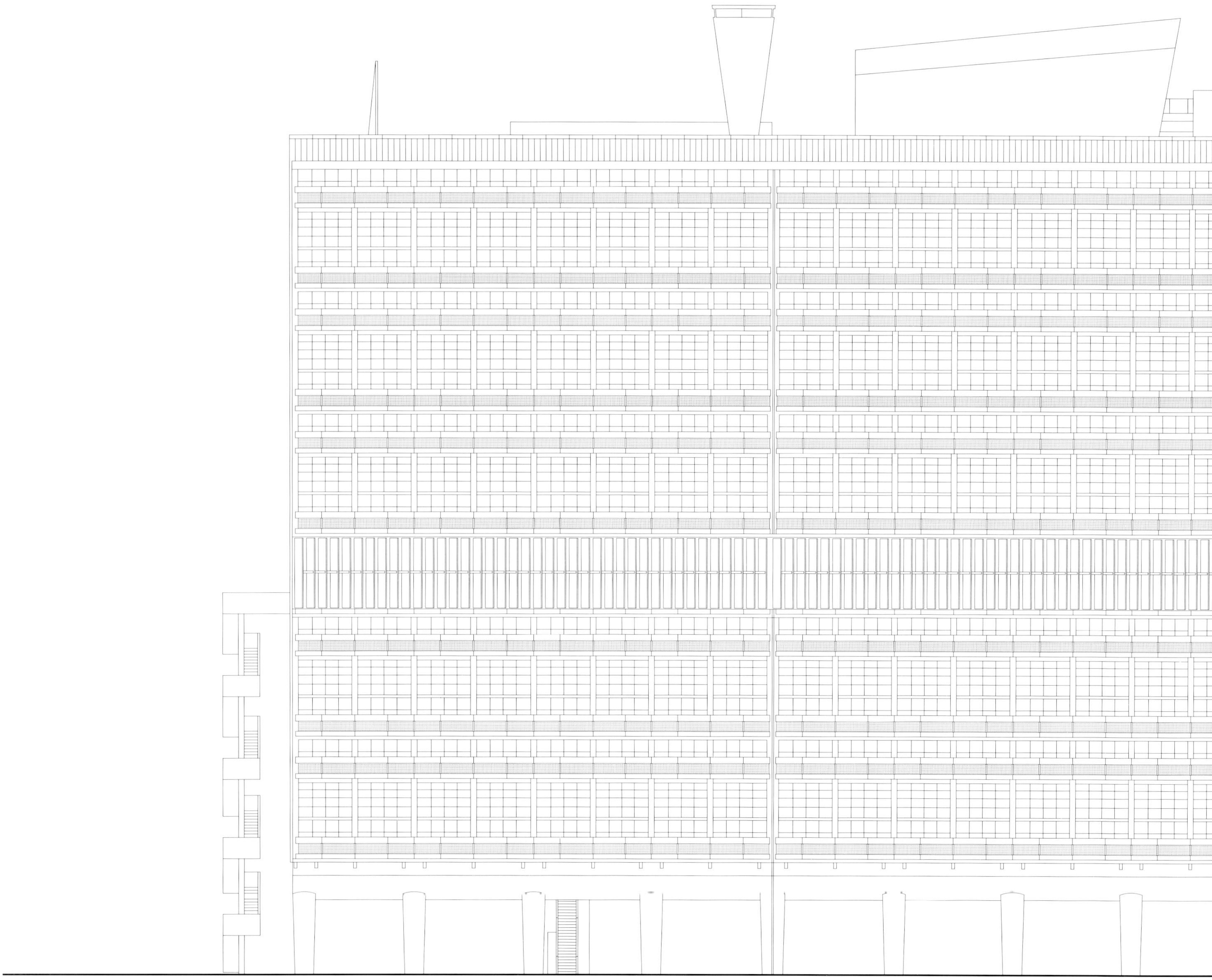

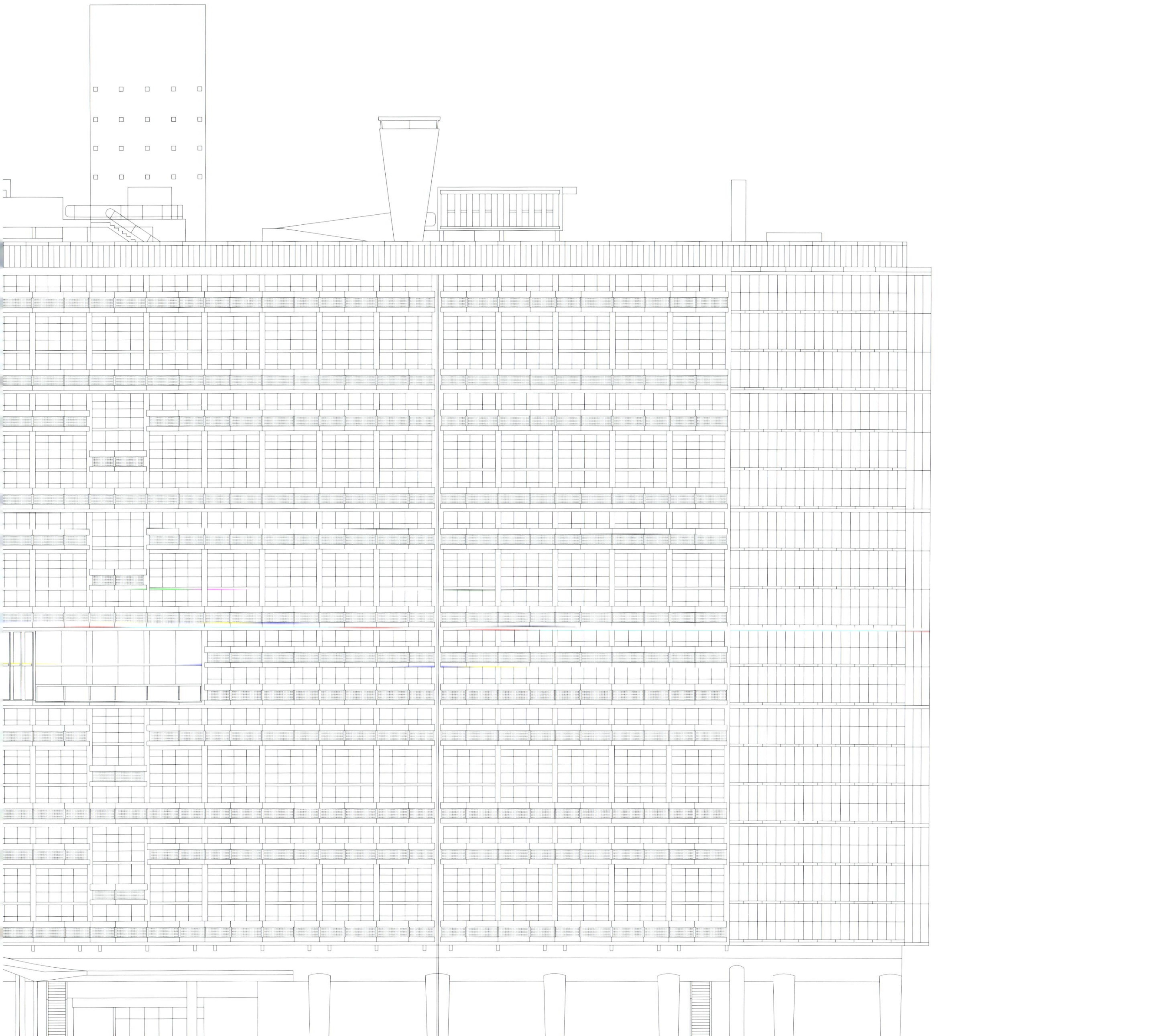

Aufriß der Nordfassade
Elevation of the north façade

Querschnitt
Cross section

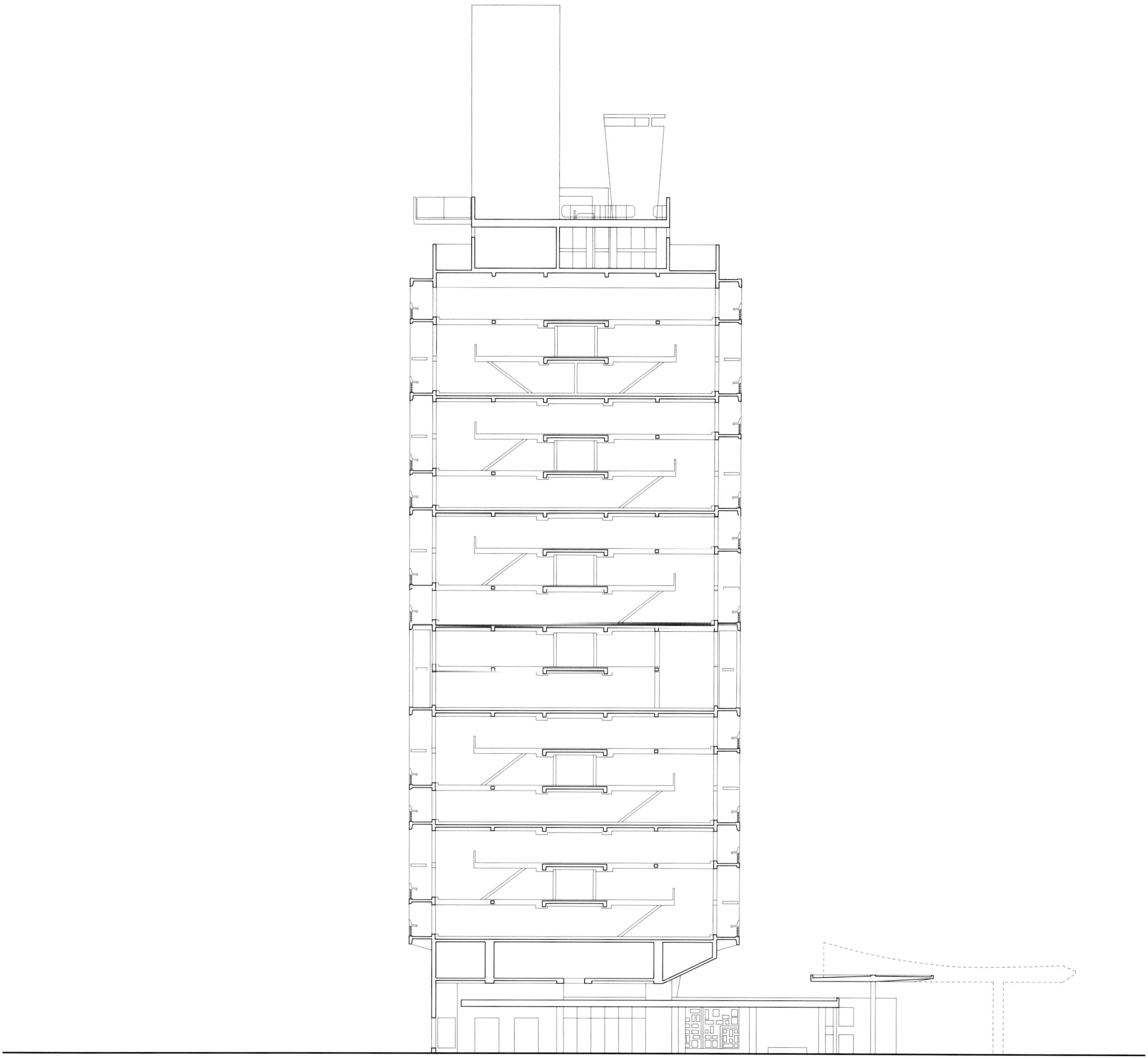

Grundriß der *promenade publique* und der Dachterrasse
Plan of the *promenade publique* and the roof terrace

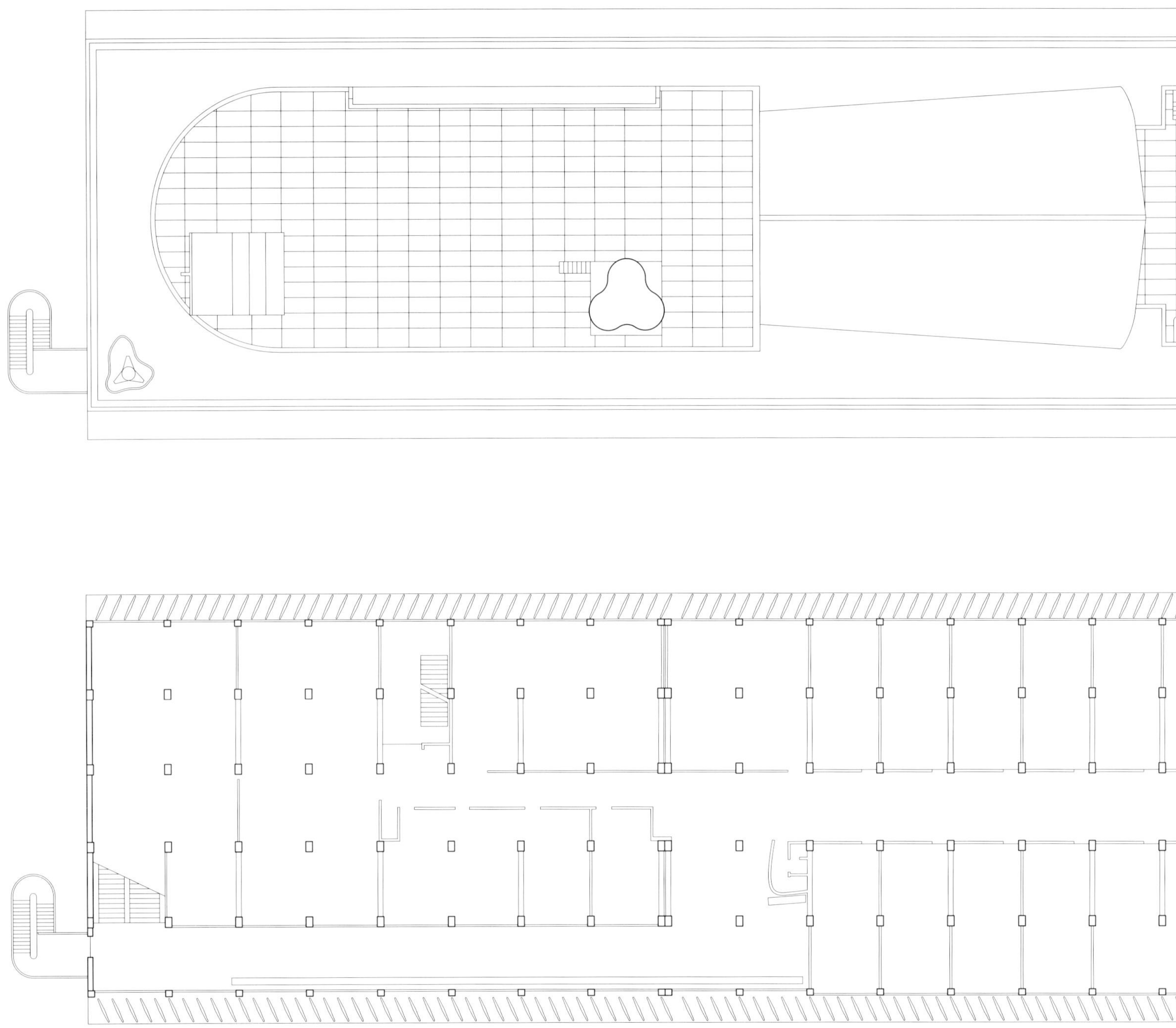

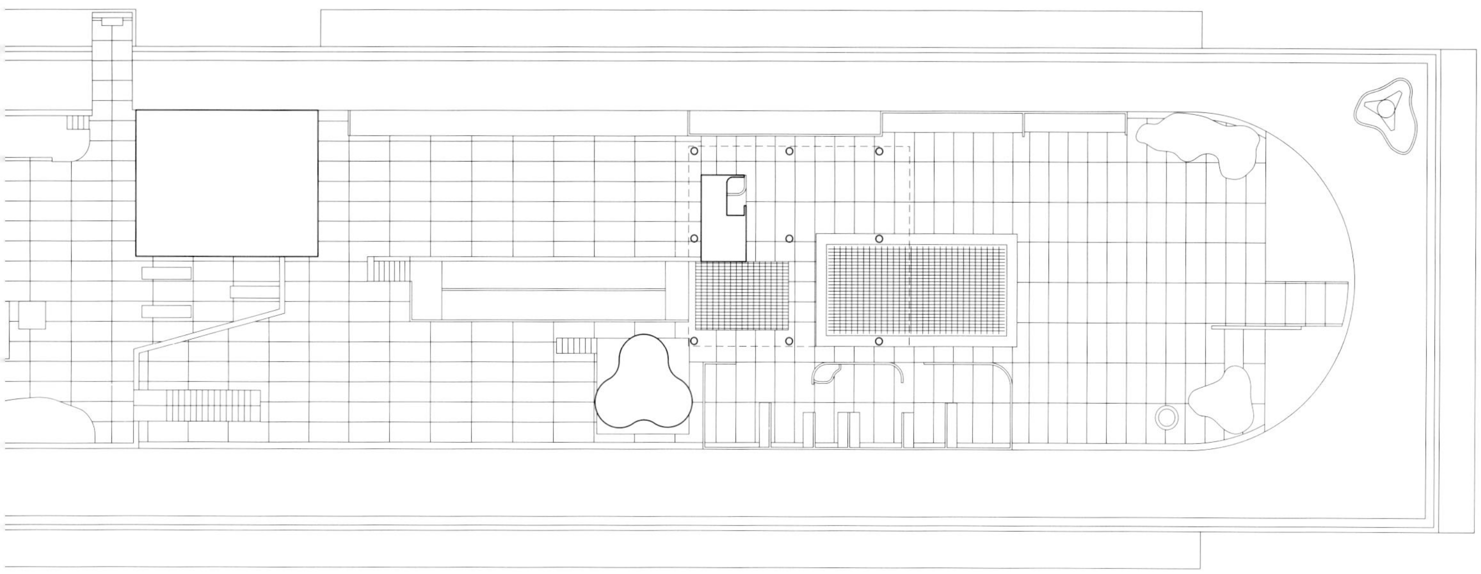

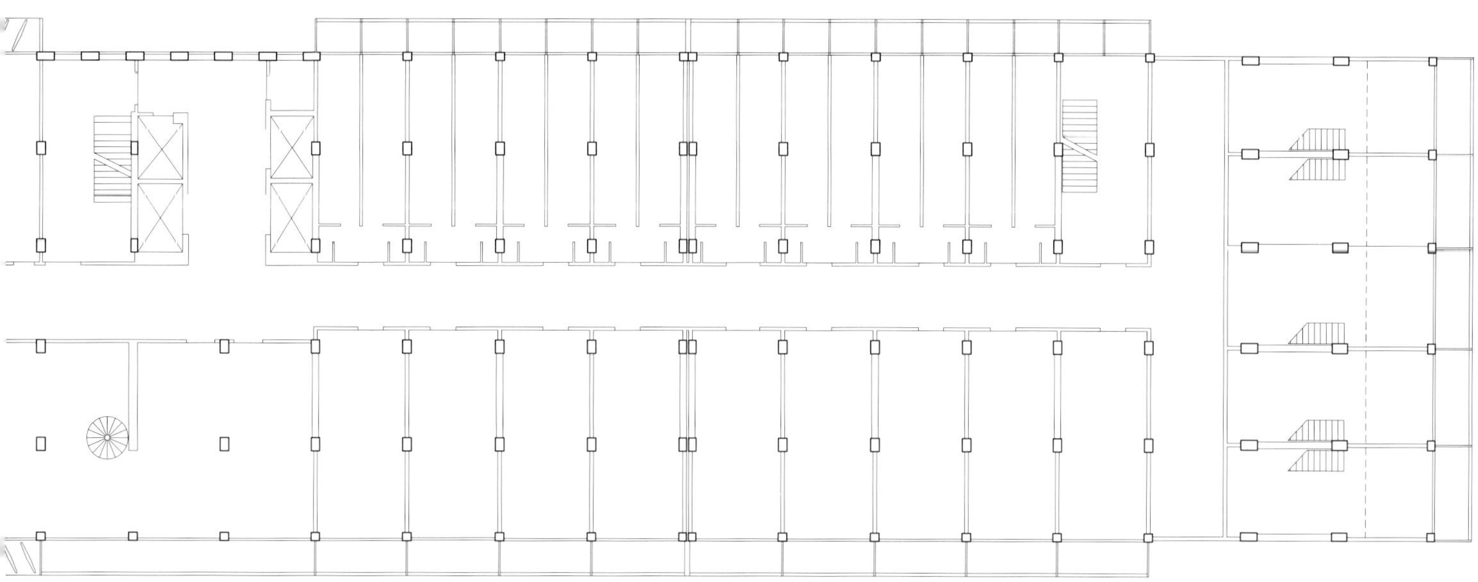

Schnitt durch die Wohnung Typ *supérieur*
Section through the apartment type *supérieur*

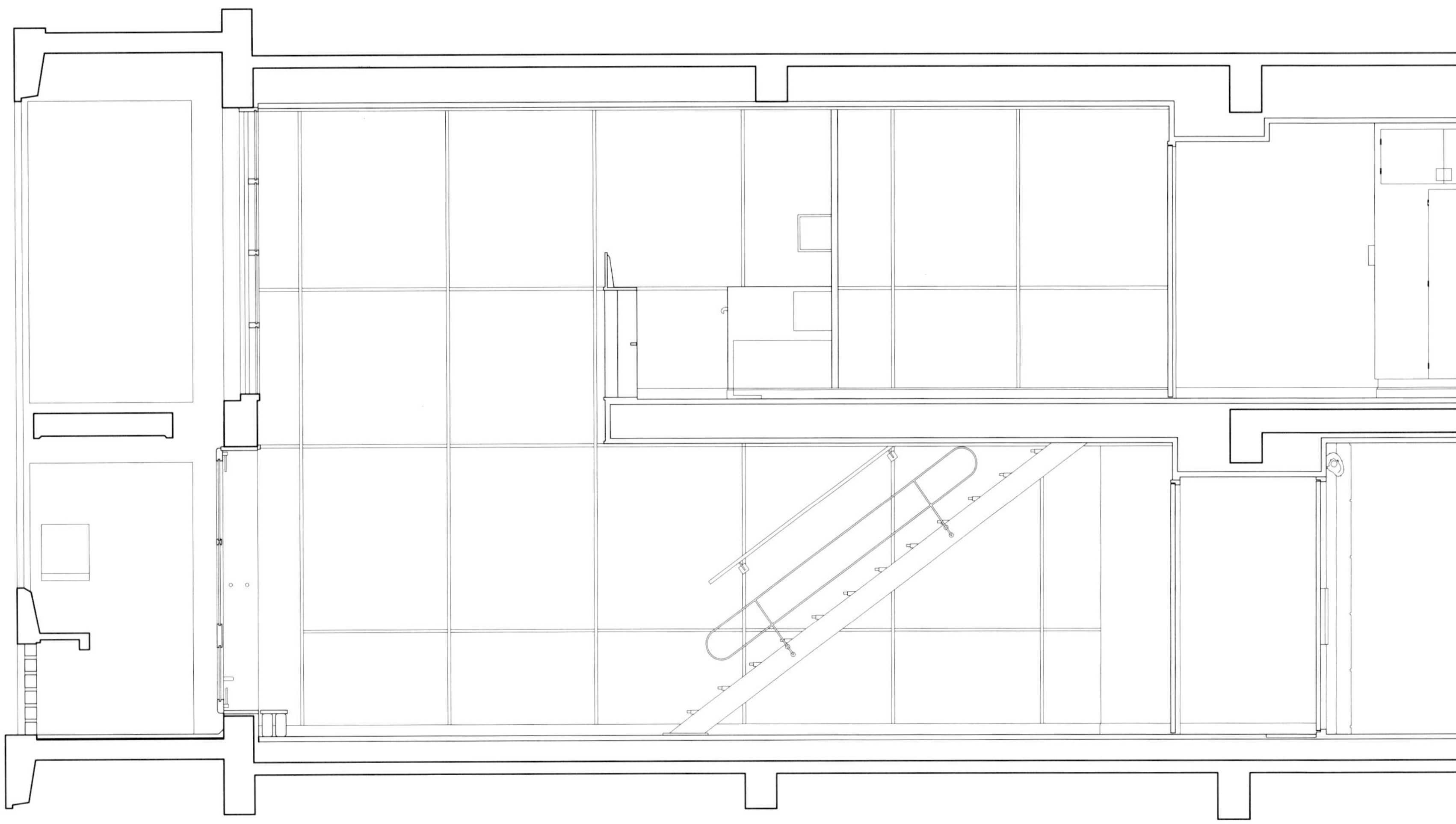

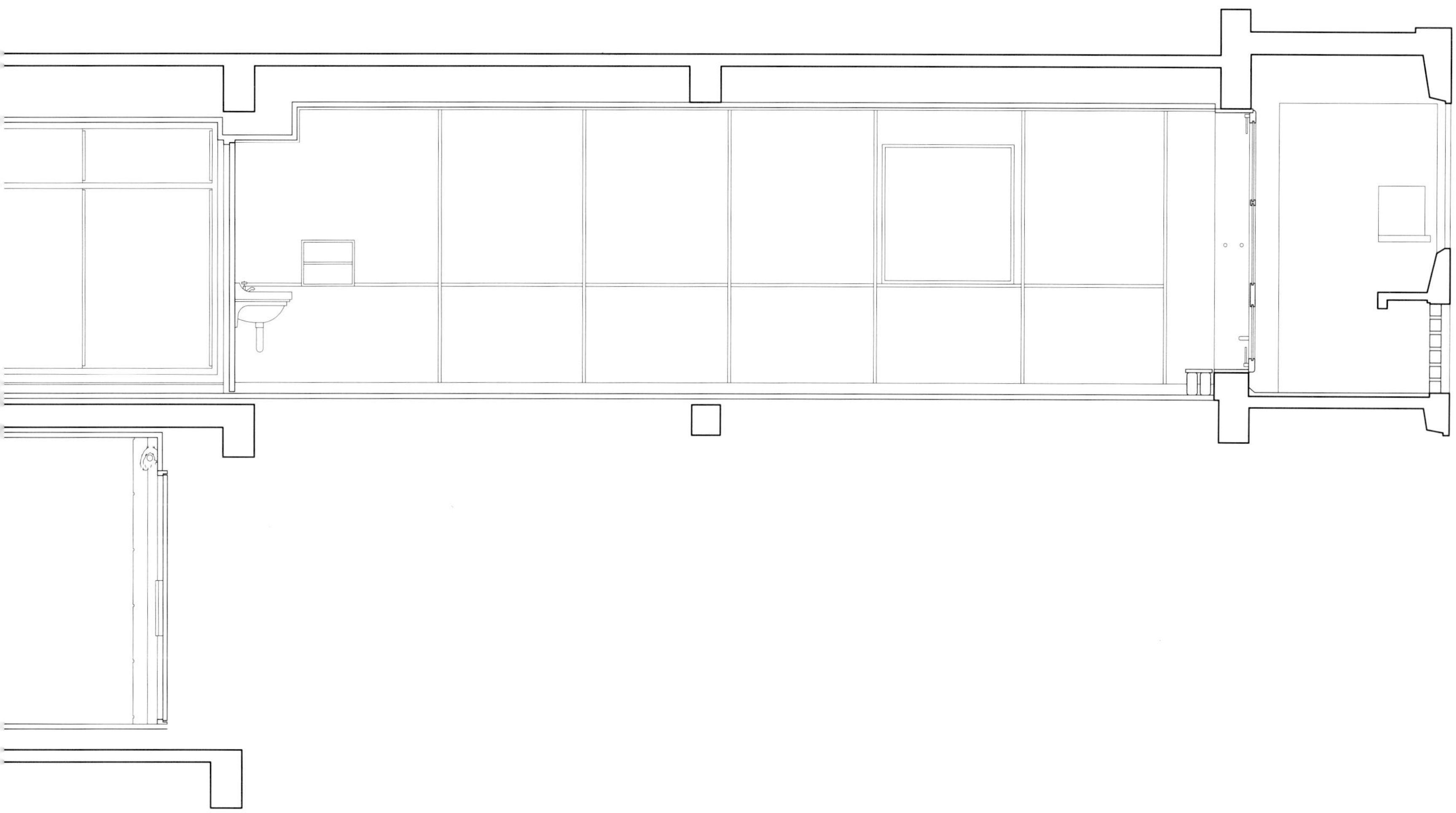

Grundriß der Wohnung Typ *supérieur*
Plan of the apartment type *supérieur*

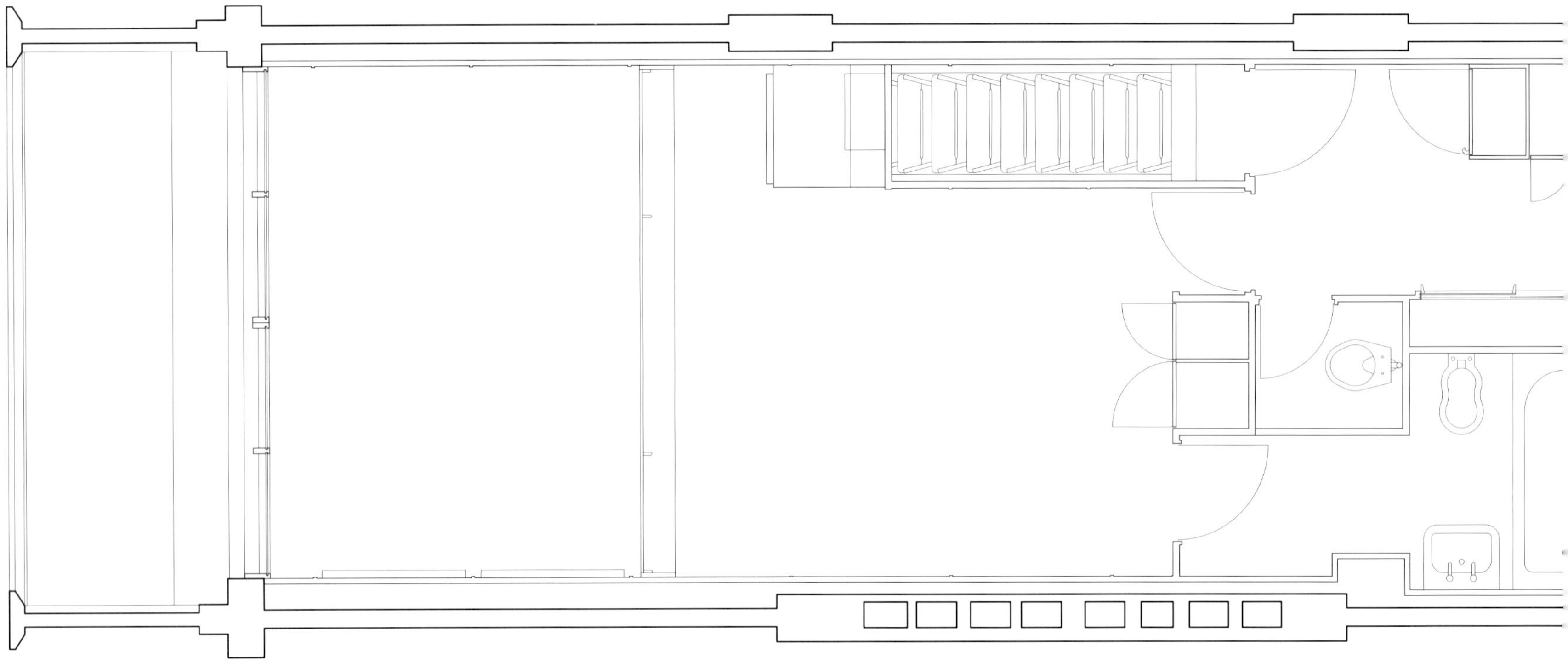

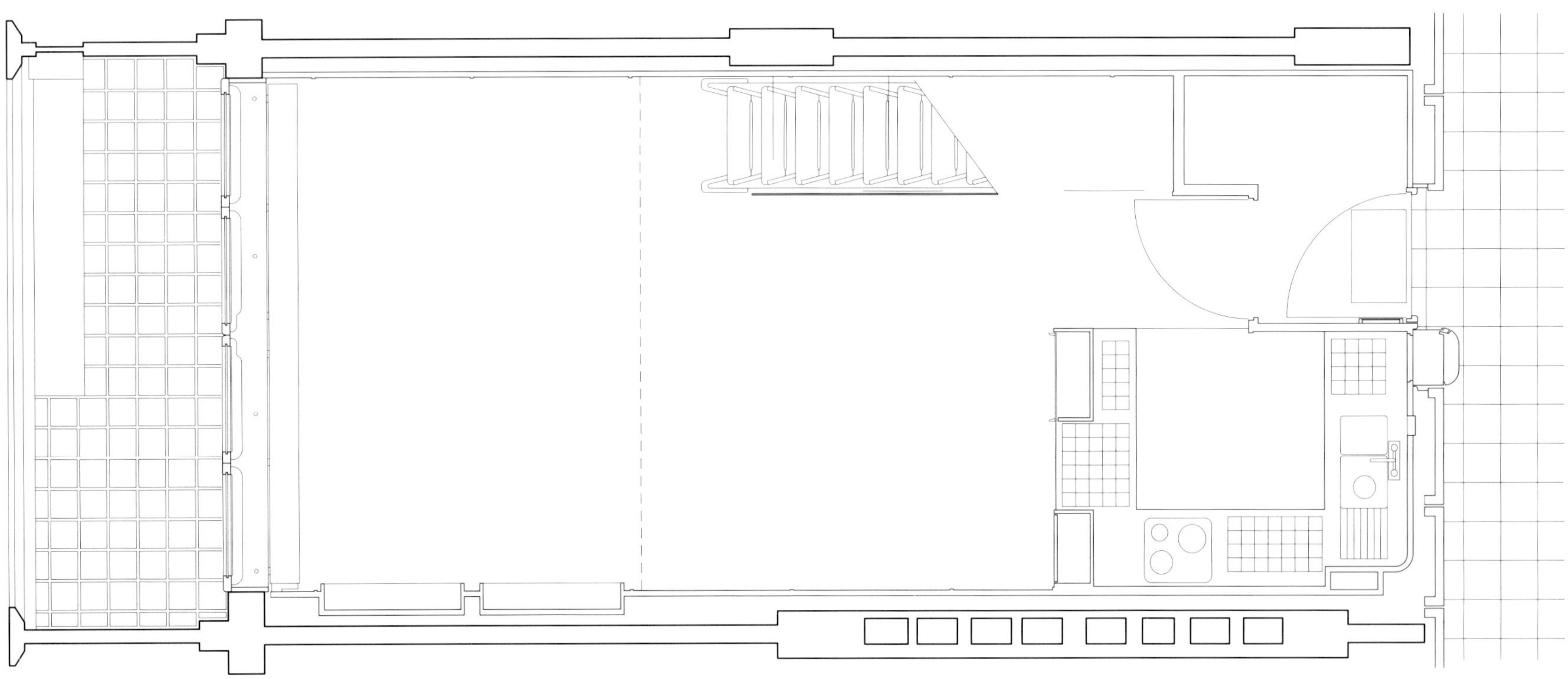

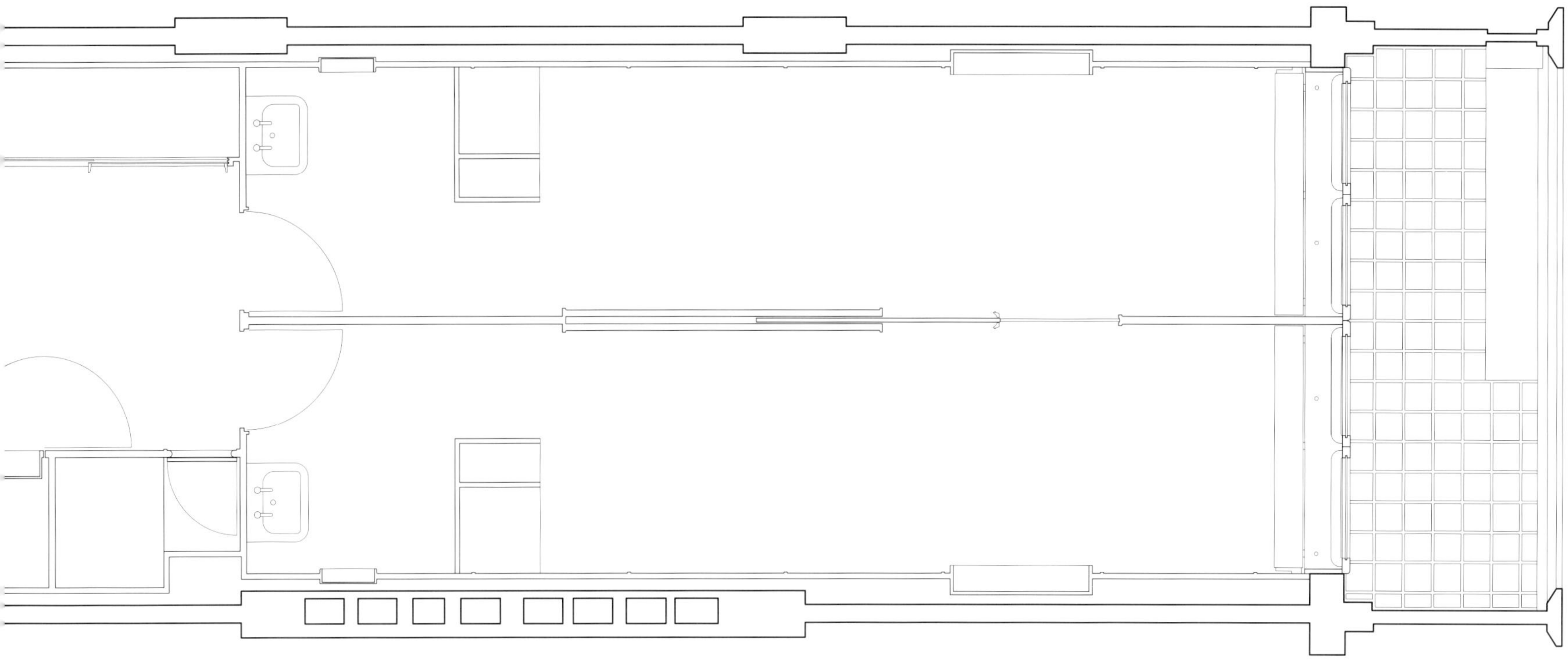

Bildquellen / Sources of illustrations

Reyner Banham, *Brutalismus in der Architektur*, Stuttgart, 1966 10.5
Edward R. Ford, *The Details of Modern Architecture*, vol. 2, Cambridge, MA, 1996 11.6
Jan Geldermann, Matthias Peppler 7.1, 21.4, 30.19, 34.24, 40/41, 42, 43, 44/45, 46/47, 48/49
Anja Grunwald 19.1, 19.2, 22.5, 23.7, 23.8, 24.9, 25.11, 25.12, 27.15, 27.16, 28.17, 29.18, 31.20, 31.21, 33.22, 33.23, 34.25, 35.26, 36.27, 37.28
Alban Janson 23.8, 25.10, 26.13, 26.14
Philipp Kaiser (Hrsg./ed.), *Christian Philipp Müller*, Ostfildern, 2007 14.8, 14.9
Le Corbusier, *Œuvre complète 1946–1952*, Zürich / Zurich, 1953 13.7, 20.3, 22.6
Le Corbusier, *The Marseilles Block*, London, 1953 8.2, 9.4
Danièle Pauly (Hrsg. / ed.), *Le Corbusier et la Méditerranée*, Marseille / Marseilles, 1987 8.3